## 저자 소개

### 글 사회평론 역사연구소
오랫동안 어린이 교육과 역사 콘텐츠를 연구한 전문가들이 모여, 우리 아이들이 쉽고 재미있게 공부할 수 있는 책을 만들고 있어요. 《용선생의 시끌벅적 한국사》, 《용선생 교과서 한국사》, 《용선생 처음 세계사》, 《교양으로 읽는 용선생 세계사》 등을 쓰고 펴냈어요.

### 김언진 | 사회평론 역사연구소 연구원
국어교육을 전공하고, 초·중등학생을 대상으로 한 국어 및 독서 논술 교재 콘텐츠를 연구 개발했어요.

### 정지윤
서울대학교 국어교육과를 졸업하고, 문화예술 기관에서 기획 업무를 담당했어요.

### 장유영
서울대학교에서 지리교육, 공통사회교육, 언론정보학을 공부했어요. 졸업 후 학교에서 학생들을 가르치다 지금은 어린이책을 만들고 있어요.

### 그림 김지희
만화가이자 일러스트레이터예요. 출판 작업으로 《하이브로 학습도감-해적앵무》를 시작으로 《난생 처음 한번 공부하는 미술이야기》의 삽화와 《용선생의 시끌벅적 과학교실》의 삽화를 담당했어요.

### 그림 전성연
그래픽 디자인을 전공하고 직장을 다니며 일러스트 작업 활동을 하고 있어요.

### 자문·감수 박정은
유럽, 아시아, 중동, 남미 등 62개국을 여행하다 아름다운 제주도에 정착해 아이와 함께 살고 있어요. 여행서를 쓰고 강연을 해요. 《프렌즈 유럽》, 《셀프트래블》 시리즈의 유럽 여러 나라에 대해 썼고, 에세이로는 《스페인 소도시 여행》, 《지금 이 순간 프랑스》 등이 있어요.

### 캐릭터 이우일
홍익대학교에서 시각디자인을 공부했어요. 《우일우화》, 《고양이 카프카의 고백》, 《용선생의 시끌벅적 한국사》, 《교양으로 읽는 용선생 세계사》 등을 그렸어요.

# 용선생이 간다

### 세계 문화 여행 · 15

글 사회평론 역사연구소 | 그림 김지희, 전성연 | 자문·감수 박정은 | 캐릭터 이우일

그리스

사회평론

# 차례

## 1일 아테네

**나선애, 아크로폴리스에서 고대 그리스를 만나다!** 11

용선생의 스페셜 가이드
용선생의 그리스 핵심 정리 20

## 2일 아테네

**왕수재, 박물관에서 신들의 이름을 맞히다!** 23

용선생의 스페셜 가이드
민주 정치의 시작, 아테네 30

## 3일 아테네

**장하다, 그리스 음식에 흠뻑 빠지다!** 33

용선생의 스페셜 가이드
그리스 역사 훑어보기 40

## 4일 코린토스, 스파르타, 올림피아

**곽두기, 전사의 나라 스파르타에 가다!** 43

용선생의 스페셜 가이드
폴리스의 대표 주자, 아테네와 스파르타 52

## 5일 델포이, 메테오라

**허영심, 델포이에서 세계의 중심을 보다?!** 55

용선생의 스페셜 가이드
피티아가 전해주는 신탁 이야기 62

## 6일 테살로니키

**왕수재, 테살로니키에서 우주 정복을 꿈꾸다!** 65

용선생의 스페셜 가이드
야망의 사나이, 알렉산드로스 대왕 72

### 7일 미코노스

**나선애, 바닷가 마을에서 펠리컨을 만나다!** 75

용선생의 스페셜 가이드
그리스 신화 올림포스 12신 82

### 8일 산토리니

**허영심, 산토리니에서 인생 사진을 찍다!** 85

용선생의 스페셜 가이드
그리스 신화 극장에 초대합니다! 92

### 9일 크레타

**곽두기, 크노소스 궁전에서 괴물 이야기를 듣다!** 95

용선생의 스페셜 가이드
지도로 보는 에게 문명 102

### 10일 로도스

**장하다, 로도스에서 중세 기사가 되다?!** 105

용선생의 스페셜 가이드
그리스의 자연에 반하다! 112

**퀴즈로 정리하는 그리스** 116

**정답** 118

## 용선생

야싸스(안녕)!
해주고 싶은 그리스 신화
이야기가 너무 많아서 잠을
설쳤지 뭐야~
자자, 어서 출발하자고~!

## 나선애

꿈에 그리던
그리스를 간다니!
여기저기 가 보고 싶은
곳이 너무 많아!

## 장하다

그리스에
맛집이 그렇게나 많다며!
맛집 탐방하러 출발~!

## 허영심

산토리니에서 두고두고
남을 인생 사진을 꼭 찍고
말 거야~!
두기야, 사진 좀 부탁할게!

## 왕수재

그리스에서 얼마나 중요한
문명이 생겨났는지 알아?
궁금한 게 있으면
나한테 물어 봐~!

## 곽두기

그리스는 예쁜 곳이 많아서,
어딜 가도 사진이
잘 나오겠다!
내가 멋지게 찍어줄 테니,
기대해~!

나도 같이 여행할 거야! 곳곳에 숨어 있는 나를 한번 찾아 봐~!

여행 3일째 아테네에서

"야싸스(Γεια σας)!"는 그리스어로 "안녕하세요!"라는 뜻이야.

**토막 회화 한마디!**

새롭게 만난 그리스 친구에게 내 소개를 하고 싶다고?! 그럴 땐 "멜 레네(Με λένε)" 뒤에 이름을 붙이면 돼!
**"멜 레네 '왕수재'!
(저는 왕수재입니다!)"**

# 나선애, 아크로폴리스에서 고대 그리스를 만나다!

아크로폴리스 구역

## 📍 그리스의 수도 **아테네**

"신들의 나라, 그리스에 도착!"

비행기를 15시간이나 타고 도착한 이곳은 그리스의 수도이자
세계적인 관광 도시 아테네!

"선생님, 그리스는 왜 '신들의 나라'로 불리는 거예요?"

알고 보니 옛날 그리스 사람들은 신이 인간을 지켜 준다고 믿어서,

신을 아주 중요하게 생각했대.

심지어 도시 이름을 신의 이름으로 지을 정도였다니! 신들의 나라로 불릴 만하네~

안녕! 난 페가수스라고 해. 그리스 신화에 자주 등장하는 날개 달린 말이야!

아테네는 수천 년의 역사를 지닌 오래된 도시야. 한때 지중해 일대에서 제일 잘나갔지!

신들의 나라 그리스~ 그래서 곳곳에 흥미진진한 신들의 이야기가 전해지는 거야~

아하!

**❓ 아테네도 신의 이름을 따서 지은 이름이에요?**

▶ 맞아. 아테네는 지혜와 전쟁의 여신 아테나에서 나온 이름이란다. 아테네 사람들은 아테나를 수호신으로 섬겼어.

아테네 시내를 걷다 보니, 먼 옛날 그리스의 모습은 어땠을지 궁금해졌어.
"옛날 그리스 사람들은 어떻게 살았을까요?"
선생님께서는 아주 좋은 질문이라며 엄지를 척 들어 올리셨지.
"그리스에는 섬과 산이 많아서 뿔뿔이 흩어져 크고 작은 도시 국가를 이루어 살았단다. 그 도시 국가를 '폴리스'라고 해."
폴리스 언덕 위에는 외적으로부터 도시를 지키는 요새도 있었는데 그 언덕을 '아크로폴리스'라고 부른다고 하셨지.
실제로 본 아크로폴리스는 도시 한가운데 우뚝 서 있었어.
와! 저기에 오르면 도시가 한눈에 내려다보이겠는걸~!

폴리스는 어떻게 생겼을까?

**아크로폴리스**

아크로폴리스 아래에는 '**아고라**'라는 광장이 있었어. 사람들은 아고라에 모여서 국가의 중요한 일을 의논하고, 학문적인 주제를 토론하기도 했지.

아고라

# 신들의 이야기로 가득한 아크로폴리스

그리스 여행 첫날은 아크로폴리스를 구석구석 돌아보기로 했어.

"아크로폴리스에는 신을 모시는 신전도 있었단다.

오늘 너희에게 해줄 신화 이야기가 얼마나 많은 줄 아니?"

선생님은 곳곳에 멈춰 서서 그곳에 전해지는 신화 이야기를 해 주셨어.

나는 그중에 '에레크테이온 신전' 이야기가 제일 재밌더라~ 호호~

아크로폴리스 입구야. 승리의 여신인 니케의 신전이 있어.
아테네 니케 신전은 그리스가 전쟁에서 승리한 기념으로 세워졌단다.

프로필라이온

아레오스 파고스 언덕

헤로데스 아티쿠스 극장

포세이돈의 아들 '할리로티오스'가 전쟁의 신 '아레스'의 딸
'알키페'에게 몹쓸 짓을 하려고 하자, 화가 난 아레스가
할리로티오스를 죽이고 말았어. 그 사실을 알게 된 포세이돈은
아레스를 신들의 법정에 고발했어.
신들은 아레오스 파고스 언덕에 모여 최초의 재판을 열게 돼.
재판 결과, 아레스는 정당한 살인으로 무죄를 선고 받았단다.

**아테네를 대표하는 파르테논 신전**

우리는 아크로폴리스에서 가장 유명한 파르테논 신전을 보러 왔어!

"아테네의 수호신인 아테나에게 바친 신전이야.

지어진 지 무려 2,500년이나 되었단다."

아테네를 대표하는 곳이라 그런지 신전 앞에는 사진을 찍는 관광객들이 많았어.

"얘들아, 신전 기둥 좀 보렴!"

선생님은 파르테논 신전 기둥에 고대 그리스 사람들의 놀라운 건축 비밀이 숨겨져 있다고 하셨지! 음~ 그게 뭘까?

> 아크로폴리스에서 가장 멋지다더니 정말이네~

> 덕분에 실제 신전의 크기보다 훨씬 커 보이는 효과도 있단다!

> 아테나에게 바치는 신전이라 신경 써서 만들었나봐요!

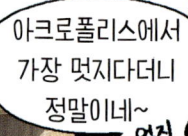 **파르테논 신전은 누가 만들었어요?**

▶ 기원전 5세기 아테네의 황금기를 이끌었던 정치가 '페리클레스'의 지시 아래, 당시 최고의 조각가가 만들었어. 페리클레스는 파르테논 신전 외에도 곳곳에 멋진 신전과 조각상을 세워, 아테네의 강대함을 널리 알리려 노력했단다.

"아래에서 보면 기둥이 곧게 뻗어 있는 것처럼 보이지?
그런데 실제로는 기둥을 안쪽으로 살짝 기울여서 만들었단다."
"예?! 이렇게 가지런하게 뻗은 기둥이 기울어져 있다고요?"
선생님은 같은 굵기의 기둥을 일자로 꼿꼿하게 세우는 것보다, 이렇게 만들면
건물이 더 아름답게 보인다고 하셨어.
정말요? 우리는 너무 신기해서 기둥을 빙빙 돌며 관찰하기 바빴지.
멀리서 보이는 것까지 생각해서 그렇게 지었다니! 대단하다~

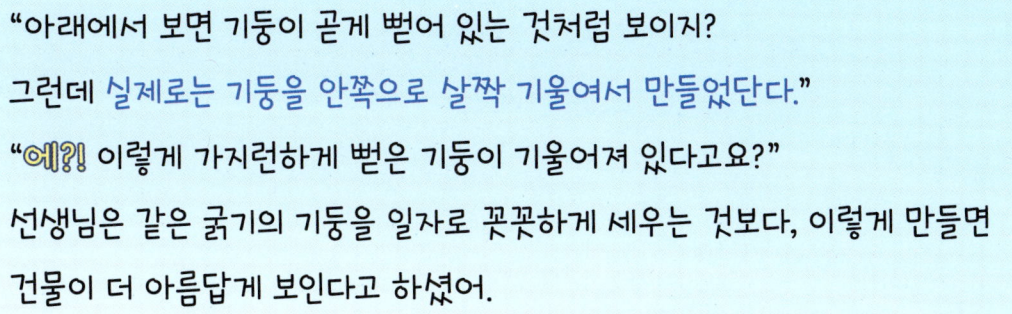

파르테논 신전은 원래 이런 모습이었을 거야.

### 파르테논 신전 내부는 어떤 모습이었을까?

파르테논 신전 안에는 커다란 아테나 동상이 서 있었대!

두둥

우와! 멋지다!

# 헤로데스 아티쿠스 극장

헤로데스 아티쿠스 극장

"오! 공연 시간이 다 됐나 보구나! 얼른 가 보자!"

번쩍이는 조명을 따라 도착한 곳은 아크로폴리스에 있는 커다란 극장이었어.

"수천 년 전에 지어진 극장인데, 지금도 공연장으로 쓰인단다. 세계적인 음악가들이 이곳에서 공연을 하면서 유명해졌지."

티켓을 예매해 두신 선생님 덕분에 옛날 그리스 극장에서 공연을 보게 됐어!

유후! 신난다!

**정말 공연을 볼 수 있나요?**

▶ 응. 매년 여름이 되면 '아테네 에피다우루스 축제'가 열려. 연극, 춤, 오페라, 클래식 등 다양한 장르의 공연을 접할 수 있단다. 아테네에서 한여름 밤의 공연을 즐겨 봐!

우웅~~ 가슴속까지 쾅쾅 울리는 웅장한 악기 소리와 함께 공연이 시작됐어.

잔잔하면서도 우렁찬 연주 소리에 나도 모르게 빠져들더라!

주변을 둘러보니 다들 나처럼 연주에 흠뻑 빠진 것 같았어.

장하다만 빼고 말이지. 호호~

옛날부터 이렇게 큰 극장을 만들어 함께 공연을 즐겼다니, 놀라워!

**극장 이름이 왜 이렇게 길어요?**

▶ 161년, 고대 아테네의 정치가였던 '헤로데스 아티쿠스'가 죽은 아내를 기리며 만든 극장이란다. 그래서 헤로데스 아티쿠스의 이름을 따 만들었어.

# 용선생의 그리스 핵심 정리

그리스에서 보낸 첫날! 아이들이 그리스가 어떤 나라인지 궁금하다고 해서 용선생이 요점만 쏙쏙 뽑아 정리해 봤어~! 그리스에 대해 함께 살펴보자!

## 6천여 개의 섬으로 이루어진 나라

그리스는 유럽 남쪽 발칸반도 끝에 위치한 6천여 개의 섬으로 이루어진 나라야. 그리스는 유럽, 북아프리카, 아시아가 만나는 길목에 위치해 있지! 나라 크기는 우리나라와 비슷해. 그런데 인구는 약 1천만 명 정도로, 우리나라 인구의 5분의 1밖에 안 된다는 놀라운 사실! 그리스의 수도는 너희도 잘 알다시피 **아테네**야. 아테네는 그리스 인구의 약 절반이 모여 사는 도시란다.

## 세계 명작이 된 그리스 신화

먼 옛날부터 전해지는 신들의 이야기가 유명해. 그리스 신화는 로마를 비롯해 유럽 여러 나라로 뻗어 나가면서 **서양 문화의 뿌리**가 되었단다. 그리스 신화가 왜 이렇게 인기가 많냐고? 그건 그리스 신화 속 신들이 인간이 살아가는 모습과 참 많이 닮아 있기 때문이야. 서로 사랑하고, 때로는 화를 내기도 하고, 실수를 저지르고 후회와 반성을 하기도 하지. 이런 신들의 모습은 후대 예술가들의 상상력에도 큰 영향을 주었어. 그래서 **그리스 신화를 소재로 한 예술 작품들이 많이 탄생**한 거야!

## 그리스는 천재들의 고향

그리스는 학문이 발달한 곳이야. 그래서 내로라하는 학자들이 아주 많단다.
대표적인 그리스 학자로는, 인간이 왜 존재하는가를 고민한 **소크라테스**, 의학의 아버지라 불리는 **히포크라테스**, 수학이 모든 학문의 기본이라고 생각했던 **피타고라스**, 목욕탕에서 바닥에 흘러넘치는 물을 보고 부력의 원리를 깨달은 과학자 **아르키메데스**가 있어. 여러 학문이 발전한 그리스는 현대 과학이 발전하는 데도 큰 역할을 했단다.

## 해운업과 관광업으로 먹고사는 그리스

그리스 사람들은 예로부터 바다로 나가 유럽과 아프리카, 아시아와 교류하며 살아왔단다. 그래서 그리스는 배로 사람이나 화물을 옮기는 **해운업**이 발달했어. 또, 그리스는 **관광업**으로 큰 경제 성장을 거둔 나라야! 세계적으로 인기 있는 관광 국가인 그리스는 고유한 문화유산과 멋진 자연 경관으로 많은 관광객들에게 사랑 받고 있지. 그중에서도 수도이자, 역사 도시인 아테네나 푸른 지붕의 섬 산토리니는 그리스의 대표적인 관광 명소로 주목받고 있단다.

## 경제 위기를 극복해 나가는 그리스!

그리스는 10년 넘게 심각한 경제 위기를 겪고 있어. 2008년 미국에 닥친 금융 위기로 전 세계 경제가 흔들리면서 그리스의 경제도 무너졌거든. 또, 국가 재정이 나빠지면서 실업률과 빈곤율도 증가했어. 심지어, 다른 나라에서 빌린 빚이 쌓여 국가 부도를 맞기 직전까지 가기도 했지. 하지만 걱정 마! 지금의 그리스는 국가 부도 위기에서 벗어나 새로운 경제 정책을 추진하며 활력을 되찾아가고 있으니 말이야!

# 빈칸 채우기

선애가 여행을 마치고 그림일기를 썼어!
그런데 음료수가 쏟아져서 글자가 지워져 버렸네?!
지워진 부분에 어떤 글자가 들어가야 하는지 직접 써 보자!

제목: 아테네 여행 첫째 날!   20××년×월×일   날씨: ☀

| 그 | 리 | 스 | | 수 | 도 | | | | 에 | 서 | | 보 | 낸 | | 첫 | 날 | ! |
| 그 | 리 | 스 | 에 | | 오 | 면 | | 꼭 | | 봐 | 야 | | 한 | 다 는 | | 아 | 크 로 |
| 폴 | 리 | 스 | 에 | | 갔 | 다 . | | 옛 | 날 | | 그 | 리 | 스 는 | | | | 라 |
| 는 | | 도 | 시 | | 국 | 가 를 | | | 이 | 루 고 | | 살 | 았 다 고 | | | 한 | 다 . |
| | 신 | 을 | | 모 | 시 는 | | | | | 과 | | 군 | 사 | | 시 | 설 도 | 있 |
| 었 | 다 니 | | 정 | 말 | | 대 | 단 한 | | 것 | | 같 | 다 . | 그 | 중 에 서 | | | |
| 도 | | 가 | 장 | | 유 | 명 하 다 는 | | | | | | | | 신 | 전 을 | |
| 보 | 러 | | 갔 | 는 데 , | | 수 | 호 신 | | 아 | 테 나 를 | | 모 | 신 | | 곳 |
| 이 | 라 | | 그 | 런 지 | | 크 | 고 | | 멋 | 있 었 다 . | | 이 | 름 은 | | 어 |
| 려 | 웠 | 지 만 | | 말 | 이 다 . | | 내 | 일 | | 여 | 행 도 | | 기 | 대 된 다 . |

# 왕수재, 박물관에서 신들의 이름을 맞히다!

아테네

아크로폴리스 박물관 ▶ 아테네 국립 고고학 박물관 ▶ 아테네 학술원 ▶ 신타그마 광장

# 아크로폴리스 박물관

"하암~ 이른 아침부터 박물관 투어라니~"

무슨 소리! 박물관만큼 재미난 볼거리가 많은 곳이 또 어디 있다고!

오늘은 아테네에 있는 박물관을 둘러보기로 한 날이야.

입장 시간에 맞춰 달려온 이곳은 **아크로폴리스 박물관!**

"**아크로폴리스 유적지에서 발굴된 유물을 전시하고 있는 곳**이란다."

나는 가장 먼저 파르테논 신전 위에 있던 조각상인 프리즈*를 찾아 나섰어.

＊ 그림이나 조각으로 장식된 건축물 바깥 면 띠 모양의 부분

? **프리즈에는 어떤 조각들이 새겨져 있었어요?**

▶ 아테나 여신의 탄생을 축하하는 축제를 즐기는 모습이 새겨져 있단다. 신을 포함해 약 360명의 인물과 약 220마리의 동물들이 새겨져 있어.

"엥? 이게 어떻게 된 일이지?"

실제로 본 프리즈는 많은 부분이 사라지고 없었어.

"그리스가 지금의 튀르키예인 오스만 제국의 지배를 받던 때, 영국의 외교관이 파르테논 신전의 중요한 조각품들을 가져가 버렸단다."

그래서 조각의 일부는 영국 박물관에 있다지 뭐야?

그리스는 200여 년이 지난 지금까지도 영국에 문화재를 되돌려달라고 말하고 있대.

빼앗긴 조각들이 얼른 그리스로 돌아왔으면 좋겠다!

영국은 세계적으로 큰 박물관을 가진 자신들이 유물을 더 잘 보존할 수 있다고 생각하거든. 영국은 프리즈 외에도 보존 상태가 좋은 그리스 유물들을 많이 가져갔단다.

**영국 박물관에 있는 파르테논 신전 프리즈 조각 일부**

#  아테네 국립 고고학 박물관

우리는 근처에 있는 **아테네 국립 고고학 박물관**을 구경하러 왔어.
"**그리스 최고의 박물관**이야. 오래된 그리스 유물로 가득한 곳이란다."
그리스에는 세계 문화유산으로 지정된 조각상이 많대.
한껏 기대에 부푼 우리는 박물관을 둘러보기 시작했어.
고대 그리스 왕족 무덤에서 나온 화려한 황금 유물부터 그리스 신화에 나오는 유명한 신들의 조각상까지 볼 수 있었지.

크~ 걸작이 따로 없네~!

왕의 무덤에서 발견된 가면이야. 장례를 치를 때, 시신의 얼굴을 덮는 데 쓰였지.

**아가멤논의 황금 가면**

달리는 말을 생생하게 나타낸 청동 조각상이야. 바다 깊숙한 곳에서 발견되었단다!

양의 다리와 뿔을 가진 신인 '판'이 미의 여신 '아프로디테'에게 치근덕거리는 모습을 재미있게 나타낸 조각상이야. 뒤에 있는 사랑의 신 '에로스'가 판을 말리고 있어!

아프로디테, 판, 그리고 에로스

아르테미시온의 말을 탄 소년

"자, 여기서 퀴즈! 이 동상은 어떤 신의 모습일까?"

선생님이 갑자기 갈색 동상을 가리키며 문제를 내셨어.

동상에는 '아르테미시온의 포세이돈 혹은 제우스'라는 작은 안내판이 붙어 있었지.

"어떤 모양의 창을 들고 있냐에 따라 최고의 신 제우스가 될 수도 있고,

바다의 신 포세이돈이 될 수도 있단다!"

음, 제우스는 번개를 던지고, 포세이돈은 삼지창을 던지는데

오른손에 들고 있던 무언가가 빠지면서 아무도 못 맞히는 동상이 되어 버렸대!

재밌는 퀴즈는 계속됐어. 물론 내가 다 맞혔지만~ 후후!

## 📍 수많은 철학자의 고향, 그리스

박물관 근처를 둘러보다, 멋진 조각상들이 서 있는 신전 같은 건물을 발견했어. 여긴 학문을 연구하던 곳인데, 입구를 지키는 철학자* 조각상 때문에 유명해졌대!

*인간과 세계에 대해 깊이 연구하는 학자

"**소크라테스**와 **플라톤**의 조각상이야. **서양 철학의 기틀을 다진 고대 그리스 철학자들**이란다. 그리스는 옛날부터 수준 높은 교육 기관이 있었을 만큼, 학문이 발달한 나라였지!"

그래서 그리스는 수많은 철학자들의 고향으로 불린대. 그리스에는 나처럼 똑똑한 사람들이 아주 많았나 보네~! 헤헤.

아테네의 수호자 **아테나**

태양과 음악의 신 **아폴론**

난 소크라테스의 제자, 플라톤이야. 나는 철학자가 나라의 지도자가 되어 사회를 다스리는 게 옳다고 생각해!

나는 사람들에게 '무엇이 가치 있는 삶인가?'라는 질문을 던지며 자신을 돌아보는 시간을 중요하게 생각했지.

**플라톤**

**소크라테스**

소크라테스는 '너 자신을 알라!'라는 명언을 남겼어. 아주 유명하단다.

나 자신을 알라고? 그럼 나는 축구 천재~ 크하하!

형 자신을 알라~

철학은 인간과 세계에 대해 끊임없이 생각하는 학문이야!

오~ 왕수재~ 제법인데!

"얘들아, 이쪽이야!"
우린 시끄러운 소리를 따라
그리스 국회의사당 앞 광장에 왔어.
"매일 점심때면 그리스 근위병들의
교대식이 열린단다."
선생님 말씀이 끝나기 무섭게
여기저기서 카메라 셔터 소리가
들려왔지.
이윽고 빨간 모자에 치마를 입은
군인들의 행렬이 이어졌어.
쓱쓱- 탁탁! 힘차고 절도 있는
걸음걸이가 엄청 멋진데~!

**교대식 하는 그리스 근위병들**

 **사진 속 근위병 뒤에 있는 비석은 뭐예요?** ▶ 전쟁 중에 희생된 이름 모를 병사들을 추모하기 위해 세워진 비석이야. 근위병들은 항상 이 비석 앞에 자리를 지키고 서 있단다.

**용선생의 스페셜 가이드**

# 민주 정치의 시작, 아테네

그리스의 대표 폴리스였던 아테네는 민주 정치가 시작된 곳으로 유명해!
민주 정치는 국민이 국가의 주인이 되어 나라를 다스리는 것을 말하지.
그림과 함께 아테네의 민주 정치가 발전해 나가는 과정을 살펴보자!

**1** 아테네는 원래 땅을 가진 소수의 귀족들이 다스리던 나라였어.

"나라는 당연히 돈을 가진 우리가 다스려야 하지 않겠어?"
"우리는 귀족!"

**2** 그런데 해상 무역과 상업으로 평민들이 크게 성장하게 되었어. 심지어 군사를 거느리기도 했지. 바다에서 해적이나 다른 경쟁자들에게 지지 않으려면 강한 힘이 필요했거든.

"이제 내가 없으면 국가 경제가 안 돌아가겠네~"

**3** 주변 국가들의 힘이 세지자, 귀족의 힘만으로는 전쟁을 치를 수 없게 되었어. 귀족들은 평민의 도움을 받기 시작했지. 전쟁에 참여하기 시작한 평민들은 점차 정치에서도 자신의 목소리를 내고 싶어졌어.

"나라를 위해서라면 기꺼이!"
"정말 고맙소!"
"히히, 이제 우리 힘이 필요하지?" (평민)
"오... 권력을 나눠야 한다니!" (귀족)

**4** 평민의 지지를 얻은 귀족인 **참주**가 등장해 폴리스를 다스리게 되었어. 하지만, 참주는 평민들의 요구를 들어주는 척 힘을 키워 다른 귀족들을 몰아내고 혼자 폴리스를 다스리려 했단다. 평민들은 참주를 몰아내기로 했어! 그리고 평민이 직접 폴리스를 운영하게끔 제도를 만들었지. 이게 바로 '민주 정치'의 시작이었단다.

"제가 책임지고 평민들을 위한 정치를…!" (참주)
"됐습니다요~"
"이제부터는 우리가 다스리겠습니다." (평민)

아테네는 또다시 독재를 할 만한 사람을 나라 밖으로 쫓아버리는 **도편 추방제**를 실시했어. 지금의 투표와 비슷해!

이렇게 도자기 조각 위에 이름을 적었단다. 6천 표 이상을 얻은 사람은 10년 동안 나라에서 쫓겨났지.

이후, 아테네는 모든 시민이 정치에 참여해 나랏일을 결정했어. 시민은 아고라에 모여 열띤 토론과 회의를 했지. 하지만 **시민은 20세 이상의 성인 남자만** 될 수 있었단다. 여자, 노예, 외국인, 어린이는 시민이 될 수 없었어.

아테네의 민주 정치는 **페리클레스**가 지도자일 때 더욱 발전했어. 가난한 시민도 능력만 있으면 높은 관직을 맡을 수 있게 되었지. 뿐만 아니라, 페리클레스의 지도 아래 아테네는 다양한 분야에서 황금기를 맞았어. 화려한 건축물이 지어졌고, 열띤 토론을 통해 학문이 더욱 발전하게 되었지. 또, 연극도 발전하기 시작했어. 그게 지금의 서양 연극의 기원이 되었단다.

# 다른 그림 찾기

근위병 교대식 구경을 마치고, 근위병 옆에서 기념사진을 찍었어!
어라, 그런데 사진 두 장을 찍는 사이에 달라진 곳이 보이네?
모두 여섯 군데야. 함께 찾아볼까?

# 장하다, 그리스 음식에 흠뻑 빠지다!

그리스 샌들 가게 ▶ 아테네 로마 제국 유적지 ▶ 수니온곶 ▶ 아테네 먹거리 골목

아테네에서의 마지막 날! 주변에 가게가 많은 것을 보니, 쇼핑 거리 같은데?
그럼 맛있는 식당도 엄청 많겠지? 헤헤~
"오래된 그리스 샌들 가게가 있는 거리야.
그리스에 왔으니, 샌들 하나 맞추고 가야 하지 않겠니?"
고대 그리스 때부터 신었던 그리스 전통 샌들은 오늘날에도
사람들에게 인기가 많대.
가게에 들어선 우리는 각자 마음에 드는 샌들을
골라보기로 했어.
가죽 끈으로 된 샌들인데, 종류가 다양해서
뭘 골라야 할지 모르겠네! 흐음~

### 하드리아누스 도서관

그리스가 로마 제국의 지배를 받던 때, 로마의 하드리아누스 황제가 세운 도서관이야. 2천 년의 역사를 지니고 있는 아주 오래된 곳이지.

### 바람의 탑

고대 로마 제국 시대에 세워진 탑이야. 시계와 풍향계 역할을 했단다. 원래 꼭대기에는 머리와 상반신은 사람의 모습을 하고, 물고기 꼬리를 가진 바다의 신 트리톤이 있었어. 끝이 뾰족한 지팡이가 바람이 부는 방향을 가리켜 주었지. 아래에는 여덟 명의 바람의 신이 조각되어 있어!

##  로마 제국의 유적지

"선생님, 여기 부서진 돌덩이들이 엄청 많아요!"

"하하! 그건 한때 그리스를 다스렸던 고대 로마 제국의 유적이란다."

알고 보니 그리스가 한때 로마 제국의 지배를 받았대.

선생님은 로마 제국이 그리스를 정복하긴 했지만, 그리스의 문화유산을 동경하는 마음이 무척 컸다고 이야기해 주셨어.

그래서 그리스 건축 양식을 따라 건물을 만들기도 했다나?

잘 보존된 모습은 아니어서 아쉬웠지만, 당시에는 멋진 건물이었겠지?

 **로마 제국이 그리스를 지배했다고요?**

▶ 응. 그리스는 무려 1600년간 로마 제국의 지배를 받았어. 당시 지중해를 장악하고 있던 마케도니아 왕국이 로마 제국과의 전쟁에서 패배하면서 그리스도 로마 제국의 지배를 받게 되었지.

# 에게해와 이오니아해가 만나는 수니온곶

다음으로 찾은 곳은 수니온곶!
"앞에 보이는 바다의 동쪽으로는 에게해가, 서쪽으로는 이오니아해가 펼쳐져 있단다."
수니온곶은 그리스와 튀르키예 사이의 바다인 에게해와, 이탈리아와 그리스 사이에 있는 바다인 이오니아해가 만나는 곳이래.
대륙의 끝에서 바다를 내려다보고 있으니, 내가 꼭 세계 지도 위에 서 있는 것 같았어!

수니온곶은 에게해에서 아테네로 들어오는 바다 길목에 있어. 그래서 예로부터 중요한 교통의 중심지였지!

수니온곶

아테네 남쪽 끝에 위치한 곳이야.
곶은 바다를 향해 부리 모양으로
뾰족하게 뻗은 땅을 말해.

"선생님, 여기도 신전인가요?!"
두기가 가리킨 곳은 **바다의 신 포세이돈의 신전**이래.
선생님은 에게해에 얽힌 재밌는 이야기를 들려주시겠다며 우리를 한데 앉히셨어.
"바로 **아테네의 왕 아이게우스와 괴물 미노타우로스 이야기**란다."
오, 에게해가 신화에서 유래된 이름이었다니~ 지는 해를 바라보며 이야기를 듣다 보니 시간이 훌쩍 가 버렸네!

그림으로 보는 그리스 신화
**에게해의 유래**

옛날, 미노타우로스라는 괴물이 살았어.
머리는 소, 몸은 인간인 괴물이었지. 테세우스는
사람들을 잡아먹는 미노타우로스를 물리치기
위해 크레타섬으로 떠나기로 했어!

크레타섬

아테네 젊은이들의 목숨을 빼앗아 가다니! 더 이상은 두고 볼 수 없어!

테세우스

테세우스의 아버지인 아이게우스는 살아서
돌아온다면 흰 돛을 달고 올 것을 신신당부했단다.

꼭 살아서 돌아오거라!

아이게우스

예! 걱정 마세요, 아버지.

그런데 괴물을 물리친 테세우스가 승리의 기쁨에
취한 나머지, 아버지의 부탁을 잊고 만 거야!

아들이 죽은 줄 안 아이게우스는 슬픔을 이기지 못하고
바다에 몸을 던졌어. 그 후 이 바다는 아이게우스의
바다라 해서 '에게해'라는 이름을 갖게 되었지.

안 돼! 아들아~!

## 그리스 음식 천국 **아테네 먹거리 골목**

아테네에는 유명한 먹거리 골목이 있대!

"그리스 전통 음식들로 가득한 곳이란다. 오늘 저녁은 이 선생님만 믿으렴!"

계단을 사이로 양옆에는 다양한 음식점들이 있었어.

"와! 사람이 엄청 많아요!"

"그렇지? 어디 보자~ 앉을 자리가 있으려나?"

우린 북적이는 사람들 사이로 빈자리를 찾아 나섰어.

예헤이~ 먹을 생각을 하니 벌써 행복하네~!

수블라키 진짜 맛있다! 너네 안 먹어? 그럼 내가 다 먹을게~

장하다! 나눠 먹어야지!

으휴, 못 말려!

주문한 음식이 나오자, 선생님은 그리스 대표 음식들이라며 하나하나 설명을 해 주셨지.
"이건 수블라키야. 긴 꼬챙이에 고기와 채소를 꽂아 숯불에 구운 꼬치구이란다. 담백한 맛이 일품이지!"
"꺅! 잘 먹겠습니다!"

### 그리스 샐러드
그리스 전통 샐러드야. 토마토, 오이, 올리브, 각종 채소 위에 네모난 페타 치즈를 얹고 올리브 오일을 뿌려 먹어.

### 수블라키
그리스 축제나 행사 때 빠지지 않는 대표적인 그리스 음식이야.

### 기로스
넓적한 빵에 고기, 감자튀김, 토마토, 양파를 넣고, '차지키'라는 시큼한 맛이 나는 소스를 뿌려 돌돌 말아 먹어.

"골목이 너무 예쁜 거 아니에요?"

"에프하리스토 (감사합니다)!"

## 용선생의 스페셜 가이드

# 그리스 역사 훑어보기

그리스는 반만년의 유구한 역사를 자랑하는 나라야. 고대 문명이 생겨난 때부터 다른 나라의 지배로부터 벗어나기까지의 오랜 그리스 역사를 함께 살펴보자!

### 1 그리스, 문명이 시작되다!
**기원전 3000년~기원전 1200년**

지중해 동부 에게해 근처 지역에서 에게 문명이 생겨났어. 서양 문명의 시작이 된 에게 문명에는 **트로이 문명, 크레타 문명, 미케네 문명**이 있어.

### 2 고대 그리스, 폴리스가 발전하다!
**기원전 800년~기원전 338년**

이후 아테네, 스파르타와 같은 도시 국가 폴리스가 생겨났어. 폴리스가 발전하면서 그리스의 정치, 문화, 예술이 크게 발전했단다. 폴리스들은 때로는 힘을 합쳐 외부의 적과 싸우기도 하고, 때로는 자기들끼리 경쟁하며 전쟁을 하기도 했어.

### 3 페르시아와 전쟁을 치르다!
**기원전 492년~기원전 479년**

그리스 동쪽에 있던 페르시아 제국은 지중해를 장악하고 싶어 했어. 그러려면 지중해의 중심 국가였던 그리스와의 전쟁을 피할 수가 없었지! 페르시아 제국은 세 차례에 걸쳐 그리스를 공격했어. 하지만, 결국에는 그리스의 승리로 전쟁이 끝이 났단다.

기원전 480년, 그리스 군사들이 살라미스 해협에서 페르시아 군사들을 물리친 전투 장면이야. 살라미스 해전은 그리스가 페르시아와의 전쟁에서 승리하는 결정적인 계기가 되었지.

◀ 살라미스 해전

그리스는 페르시아 전쟁에서 어떻게 승리했어요?

해전에 강한 아테네와 그리스에 있는 폴리스 전체가 힘을 합쳐 싸웠기 때문에 승리할 수 있었단다.

## 4. 마케도니아 왕국이 된 그리스, 헬레니즘 시대를 맞이하다!
**기원전 334년~기원전 30년**

그리스 북부에 있던 마케도니아에 강력한 왕이 나타났어. 그 사람은 바로 **알렉산드로스 대왕**! 페르시아 전쟁으로 폴리스들이 약해진 틈을 타 지중해 연안을 정복하며 왕국을 이루었지. 그 후 알렉산드로스 대왕은 원정을 떠나 유럽, 아프리카, 아시아에 걸쳐 엄청난 땅을 차지했어. 아시아와 유럽이 하나가 되기를 꿈꿨던 알렉산드로스 대왕 덕분에 그리스 문화는 활발하게 퍼져 나가 다른 나라의 문화와 어우러졌단다. 이 시기를 **헬레니즘 시대**라고 해.

▶ 밀로의 비너스

## 5. 2천 년 가까이 다른 나라의 지배를 받다!
**기원전 146년~1830년**

이탈리아반도에서 힘을 키우던 로마 제국은 주변 나라를 점령하다 그리스까지 점령하게 되었어. 그렇게 시작된 로마의 식민 지배는 로마가 완전히 멸망할 때까지 1600년간 이어졌지. 그 후에는 오스만 제국이 그리스를 차지하고 약 400년간 지배했단다.

## 6. 오랜 전쟁 끝에 독립을 이루다!
**1830년**

오스만 제국이 그리스를 억압하자, 1821년 그리스에서는 독립을 외치는 운동이 일어났어. 그때, 영국, 러시아, 프랑스가 나타나 그리스의 독립을 돕기 시작했단다. 오스만 제국은 이집트의 군대를 동원해 그리스를 제압하려 했지만, 세 나라가 나서는 바람에 전쟁에서 패배하고 말았지. 덕분에 그리스는 1830년 드디어 꿈에 그리던 독립을 이루게 된단다.

# 조건에 알맞은 인물 찾기

하다가 음식을 먹느라 한눈판 사이에 핸드폰을 도둑맞고 말았어!
목격자의 증언이 적힌 쪽지를 보고, 아래에서 범인을 찾아줘!

**목격자의 증언**
① 그리스 샌들을 신고 있다!
② 파란색 티셔츠를 입고 있다!
③ 오른손에는 기로스를 들고 있다!

# 곽두기, 전사의 나라 스파르타에 가다!

코린토스 운하 ▸ 무사카 식당 ▸ 스파르타 고고학 박물관 ▸ 올림피아 고대 올림픽 유적지

##  두 바다를 잇는 **코린토스 운하**

오늘은 아테네 주변 도시들을 돌아보기로 했어.

가장 먼저 들른 곳은 항구 도시 **코린토스**!

"코린토스에는 세계적으로 유명한 **코린토스 운하**가 있단다. 코린토스 운하는 이오니아해와 에게해 두 바다를 이어주는 물길이지."

육지를 가르는 코린토스 운하가 세워지면서 먼 길을 빙 둘러가지 않게 되었다는 거야.

우아, 덕분에 엄청 편리해졌겠다!

- 운하가 뭐예요?
- 운하는 사람이나 물건을 실어 나르기 위해 만든 물길이란다.
- 코린토스 운하는 세계 3대 운하 중 하나야~
- 코린토스 운하 덕분에 그리스에서 이탈리아를 갈 때 300킬로미터가 넘는 거리를 둘러갈 필요가 없어졌단다.

**세계 3대 운하가 뭐예요?!**
▶ 세계 3대 운하에는 지중해와 홍해를 잇는 수에즈 운하, 태평양과 대서양을 잇는 파나마 운하, 그리고 코린토스 운하가 있어.

오늘 선생님은 색다른 경험을 해 보고 싶으시대.

"코린토스 운하 번지 점프에 도전~!"

위에서 내려다보는 것만으로도 이렇게 아찔한데, 다리 밑으로 뛰어내린다고요?

번지대 위에 선 선생님의 다리는 휘청휘청~. 많이 무서우신가 봐!

한참을 멍하게 서 계시던 선생님은 갑자기 다리 밑으로 슈웅~ 하고 몸을 날리셨지.

"끄아악~~~"

카메라에 찍힌 모습이 너무 웃겨요, 선생님! 푸하하!!!

꼬르륵~ 하다 형의 배꼽시계가 점심시간을 알려줬어.

선생님은 수블라키만큼이나 맛있는 그리스 음식을 소개해 주겠다고 하셨지.

"이건 '무사카'라는 음식이야. 볶은 고기와 채소를 층층이 쌓아 구워낸 요리란다."

크게 한입 먹었는데, 입안에서 고기랑 채소가 사르르 녹아내리는 거 있지?

맛있게 먹는 모습을 본 요리사 아저씨는 직접 만들어 먹으라며 무사카를 만드는 방법을 알려주셨어. 히히, 열심히 메모해야지~!

### 곽식당 — 두기가 알려주는 무사카 만들기 레시피

오늘은 내가 요리사~!

① 가지를 얇게 썰어서 기름에 구워요!

② 팬에 기름을 두르고 다진 양파와 토마토, 고기를 함께 볶아요.

③ 토마토소스를 붓고, 계핏가루, 소금과 후추를 톡톡 뿌려요! 잘 볶아진 재료를 그릇에 담고, 구웠던 가지를 차곡차곡 올려요.

④ 크림소스와 치즈 가루를 얹어, 오븐에 40분 동안 구워주면 무사카 완성!

 **언제부터 무사카를 먹었나요?**

▶ 무사카는 오스만 제국의 영향으로 먹게 된 음식이야. 그리스는 400년 동안 오스만 제국의 지배를 받으며 먹는 음식도 비슷해졌지. 그래서 무사카뿐만 아니라 수블라키, 기로스, 쿨루리 등 튀르키예 음식과 비슷한 그리스 음식이 많아.

##  군사의 나라 스파르타

다음으로 들른 곳은 스파르타 고고학 박물관!
"스파르타?! 어디서 많이 들어본 것 같은데…."
"아! 스파르타 수학 학원!"
맞아! 나도 '스파르타'가 들어간 학원 이름 정말 많이 봤는데~
알고 보니 스파르타는 아테네와 어깨를 나란히 하던
폴리스였어. 헉, 스파르타가 나라 이름이었다니!
박물관에는 유명한 전쟁 영화에 등장하는 스파르타 왕의
조각상이 있대! 얼른 들어가 보자!

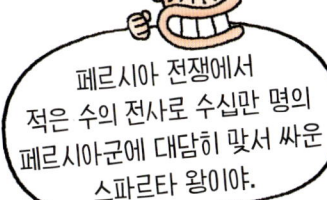

레오니다스왕

페르시아 전쟁에서 적은 수의 전사로 수십만 명의 페르시아군에 대담히 맞서 싸운 스파르타 왕이야.

 이름에 '스파르타'가 들어간 학원이 왜 이렇게 많아요?
▶ 스파르타의 엄격한 교육 방식 때문에 엄격한 훈련 방식의 교육을 '스파르타식 교육'이라고 말한단다. 그래서 많은 학원이 스파르타식 교육 방법을 내세워 이름을 그렇게 짓곤 해.

#  혹독한 군사 훈련을 받았던 스파르타 남자

박물관을 둘러보고 나오자, 선생님께서 스파르타에 대해 설명해 주셨어.

글쎄 스파르타가 얼마나 무서운 나라였냐면 말이야!

"스파르타 남자는 일곱 살이 되면, 전사가 되기 위해 혹독한 훈련을 받아야 했단다."

"네? 일곱 살이요?"

우리는 모두 놀라 입이 쩍 벌어졌어.

**일곱 살은 군대를 가기에는 너무 어린 나이잖아요!**

▶ 스파르타는 모든 시민을 최고의 전쟁 기술과 교양, 희생정신을 갖춘 시민으로 기르려 했단다. 그래서 스파르타 남자들은 어릴 때부터 10시간 이상의 혹독한 군사 훈련을 했지. 덕분에 일찍부터 창과 방패를 쓰는 방법과 몸으로 싸우는 기술을 터득할 수 있었어.

"스파르타는 두 명의 왕과 귀족들이 나라를 다스렸어.
스파르타 왕은 그 누구도 못 건드리는 강한 나라를 만들고 싶어 했단다."
엄격한 훈련 덕분에 스파르타는 폴리스 중에서도
가장 강한 군대를 가질 수 있었대.
놀라운 건 60세가 되어서야 군사 훈련에서
벗어날 수 있었다는 거야!
한 평생을 전사로 살아가다니! 대단하다~!

■ 고대 스파르타

할아버지도 군사 훈련을 받았어요?

그럴단다. 대신 모진 훈련을 모두 이겨낸 노인들은 존경과 대우를 받았어.

나는 자랑스러운 스파르타의 시민이다!

스파르타 사람들은 훈련을 통과해서 시민이 된다는 데 엄청난 자긍심을 가졌단다.

스파르타는 왜 그렇게 강한 훈련을 했나요?

▶ 약 2700년 전, 스파르타는 전쟁을 통해 그리스 남부 지역을 장악했어. 스파르타는 정복한 땅의 원주민을 노예처럼 부리며 농사를 지었단다. 견디지 못한 원주민들은 반란을 일으켰어. 스파르타 시민은 원주민의 반란을 막기 위해 강해져야만 했어.

#  고대 올림픽 경기가 열렸던 **올림피아**

올림픽을 맞아 성화에 불을 붙이는 모습

오늘날 올림픽이 바로 올림피아 제전에서 시작된 거란다! …얘들아?

오늘의 마지막 일정은 **올림피아**야!

"**올림피아는 고대 올림픽 경기가 열렸던 곳이야. 4년에 한 번 모여 제우스 신에게 제사를 지내고, 단합을 위한 경기와 축제를 즐겼단다.**"

그리스 사람들은 각각 여러 폴리스로 나뉘어 살았지만,
제우스 신을 섬기는 한 민족이라는 정신을 잊지 않았대.
올림피아에서 경기가 열릴 때면, 전쟁까지 멈췄을 정도였다는 거 있지?

**❓ 옛날에는 벌거벗고 경기를 했다면서요?!**

▶ 응. 고대 그리스 사람들은 인간의 건강한 몸을 훌륭한 것이라고 여겨서, 몸을 가리지 않고 경기하는 것을 당연하게 생각했지.

"올림피아 제전에서는 어떤 경기를 치렀어요?"
수재 형의 질문에 선생님께서는 경기 종목을 흉내내며 설명해 주셨지.
"처음에는 달리기 하나뿐이었지만, 점차 창던지기, 원반던지기, 레슬링, 멀리뛰기처럼 다양한 올림픽 경기 종목들이 추가되었어. 요즘 치르는 올림픽 경기 종목이랑 비슷하지?"
오오~ 정말! 게다가 우승자에게는 명예와 함께 상이 주어졌대!
그 상은 뭐였을까? 궁금하네~

고대 올림픽 경기에서 치렀던 종목들이야. 모두 전쟁을 치를 때 필요한 기술들이었지.

멀리뛰기
레슬링
창던지기
원반던지기
달리기

경기에서 우승하면 올리브나무 잎으로 된 올리브관을 머리에 씌워줬대!

고대 올림픽의 정신을 이어받아, 1896년 아테네에서 제1회 올림픽 경기가 열렸단다.

내가 근대 올림픽을 창시한 '피에르 드 쿠베르탱'이라네~ 허허!

용선생의 스페셜 가이드

# 폴리스의 대표 주자, 아테네와 스파르타

아테네와 스파르타는 고대 그리스를 대표하는 폴리스야!
두 도시 국가 모두 막강한 힘을 가지고 있었지만,
아테네와 스파르타는 정반대의 모습이었단다.
민주 정치가 발전한 아테네와
강력한 군사 국가 스파르타의 모습을 함께 살펴보자!

## 아테네와 스파르타의 생활 모습은 어땠을까?

**아테네**: 아테네는 활발한 해상 무역을 통해 부자 나라가 될 수 있었어!

약 3,000년 전, 이오니아인이 세운 도시 국가야. 바닷가 근처에 자리해서 주로 해상 무역과 상업이 크게 발달했었어.

**스파르타**: 우리는 넓은 평야에 살기 때문에 먹고사는 데 큰 어려움이 없어~

약 3,000년 전, 고대 그리스 민족 중 하나인 도리스인이 그리스 남쪽에 세운 도시 국가야. 넓고 비옥한 평야가 많아서 주로 농업이 발달했었단다.

## 계급이 있었던 아테네와 스파르타

**아테네**: 아테네 시민들은 토론을 통해서 나랏일을 결정했지~

아테네는 시민, 외국인 거주자, 여자, 노예 등으로 이루어져 있었단다. 아테네 시민권을 받기 위해서는 전쟁에 나가 싸울 수 있는 20세 이상의 성인 남성이어야 했고, 세금을 낼 재력이 있어야 했지. 물론 시민을 제외한 다른 계급의 사람들은 정치에 참여할 수 없었어.

**스파르타**: 내가 바로 스파르타의 시민이다!

스파르타는, 전사 귀족이자 지배 계급인 시민이 평민과 노예를 다스리는 나라였어. 평민은 시민처럼 세금을 내고 군사 훈련을 받기도 했지만, 정치에는 참여할 수 없었지. 시민은 아주 적었고, 아테네와 똑같이 여자는 시민이 될 수 없었단다.

## 달라도 너무 다른 아테네와 스파르타의 교육 방법

아테네 시민은 글쓰기, 세금, 법, 정치, 수학, 악기 등 다양한 분야의 교육을 두루 받았어. 또, 레슬링과 달리기를 통해 체력을 길렀단다. 하지만, 시민이었던 남자들만 할 수 있던 것이었지. 아테네의 여자들은 어렸을 때부터 어머니로부터 집안일을 배웠단다.

스파르타 남자들은 어린 시절부터 전사가 되기 위한 교육을 받았어. 스무 살이 되면 체력과 용기를 평가하는 시험을 치렀는데, 시험을 통과하지 못하면 시민이 될 수 없었단다. 스파르타 여자들은 건강한 아들을 낳아야 했기 때문에 역시 체력을 열심히 길렀어. 아테네와는 많이 다르지?!

## 아테네와 스파르타가 맞붙은 펠로폰네소스 전쟁

주변에 있는 그리스 도시 국가들이 계속 발전해 나가자, 위협을 느낀 페르시아의 다리우스왕은 그리스를 차지하기 위해 전쟁을 일으켰어. 하지만, 페르시아는 그리스에게 패배를 맛보게 되지. 그 후 아테네는 그리스의 중심이 되었고, 폴리스들은 페르시아의 침입에 대비하기 위해 델로스섬에 모여 힘 있는 아테네와 동맹을 맺었어. 이 동맹을 **델로스 동맹**이라고 해.

델로스 동맹으로 힘이 강해진 아테네는 제멋대로 굴었어. 불만을 품은 폴리스들은 스파르타를 중심으로 **펠로폰네소스 동맹**을 맺었단다. 아테네를 가질 기회를 얻었다고 생각한 스파르타는 아테네와 전쟁을 벌였어! 그 전쟁이 바로 **펠로폰네소스 전쟁**(기원전 431년~기원전 404년)이야! 27년 동안 계속된 전쟁에 무력해진 아테네는 결국 무릎을 꿇고 말았지.

# 어색한 그림 찾기

용선생과 아이들이 올림픽 경기를 즐기고 있어. 그런데 뭔가 이상한데?
올림픽 경기에 어울리지 않는 모습은 모두 다섯 군데! 어서 모두 찾아줘~!

# 허영심, 델포이에서 세계의 중심을 보다?!

델포이 고고학 박물관 ▶ 델포이 고대 유적지 ▶ 대 메테오라 수도원

세계의 중심 옴팔로스

## 신탁의 도시 델포이

버스를 타고 꼬불꼬불한 산 비탈길을 오르고 있어. 여긴 어디지?
"오늘은 그리스 중부 산 중턱에 위치한 신탁*의 도시 델포이를 둘러볼 거야."
우리가 고개를 갸우뚱하니 선생님께서 차근차근 설명을 해 주셨어.
"고대 그리스 사람들은 신에게 많은 부분을 의지하고 살았단다.
전쟁을 벌일 때나, 중요한 나랏일을 결정해야 할 때에도 신의 조언을 구했지."
그래서 신탁소가 있던 델포이를 아주 신성한 도시로 여겼대!

* 신이 사람을 통해 자신이 이야기하고 싶은 것을 나타내거나 인간의 물음에 답하는 일

스핑크스는 이집트 신화에 나오는 사자 괴물이잖아요! 맞죠?

맞아. 약 2,500년 전에 만들어진 스핑크스상이란다. 그리스 남쪽 섬에 사는 낙소스 사람들이 아폴론 신에게 바쳤던 조각상이야.

낙소스 스핑크스상

이건 약 2,400년 전 전차 경주에서 승리한 걸 기념해서 만든 청동상이야!

박물관에서는 조용히 해야지~

원래는 네 마리의 청동 말과 마부상이 붙어 있었는데, 이렇게 분리돼서 일부분만 발견됐대.

델포이 마부상

델포이 유적지를 구경하기 전에 입구에 있는 박물관을 먼저 들르기로 했어. 유적지에서 발굴된 유물들이 전시되어 있는데, 이곳에 중요한 게 있다고 했거든~

"선생님, 이거 맞죠? **옴팔로스!**"

박물관에서 큰 소리로 말하는 수재가 조금 부끄러웠지만, 정확히 맞혔다지 뭐야~

"**옴팔로스는 델포이의 가장 대표적인 유물**이야. 그리스어로 '**세계의 배꼽**'을 의미하지."

그래서 그리스 사람들은 **옴팔로스가 있던 델포이를 세계의 중심으로 생각했대!**

진짜 옴팔로스는 도난당해서, 박물관에는 그 모습을 재현한 조각상이 놓여 있대!

옴팔로스

옴팔로스는 신탁을 받던 아폴론 신전에 놓여 있었어. 뒤에 보이는 기둥 꼭대기에 얹어진 채로 말이야~

### 그림으로 보는 그리스 신화
## 세계의 중심, 옴팔로스

어느 날, 제우스는 세계의 중심이 어딘지 궁금해졌어.

흠~ 세계의 중심은 어디일까?~

제우스는 세상의 양쪽 끝에서 독수리 두 마리를 각각 날려, 만나는 곳을 세계의 중심으로 정하기로 했지.

드디어 만났네.

독수리들이 만난 곳은 바로 델포이였어! 제우스는 그곳에 옴팔로스를 두어, 세계의 중심이라고 표시했지.

내가 먼저 왔어!  옹기 샤에!

저기가 바로 세계의 중심이로구나!

**델포이는 왜 신탁의 도시가 됐어요?**

▶ 델포이는 원래 대지의 신 가이아를 모시던 곳이었어. 그런데 아폴론이 가이아 신전을 지키던 거대한 뱀 '피톤'을 죽이고 델포이를 자신의 신전터로 만들었단다. 아폴론 신전이 세상에 알려지자, 수많은 사람들이 신의 목소리를 듣기 위해 델포이를 찾아왔지.

#  델포이 신탁소 아폴론 신전

박물관을 둘러본 우리는 실제 델포이 고대 유적지를 보러 나섰어.

"자! 여기는 아폴론 신전! 수천 년 전에는 수많은 사람들이 아폴론 신의 조언을 듣기 위해 찾아왔던 성스러운 곳이었단다."

아하! 델포이에서 신탁을 들을 수 있었다는 곳이 바로 아폴론 신전이었구나!

**아폴론 신전 주변의 옛 모습**

신탁을 받으러 온 사람들이 바쳤던 제물들이란다.

와! 아폴론 신전에 가는 길에 놓인 물건들은 다 뭐예요?

### 아폴론 신전
약 2,500년 전에 세워진 아폴론 신전이자, 옴팔로스가 있던 곳이야. 대부분이 무너지고, 지금은 터와 기둥만 남아 있어.

### 보물 창고
아폴론에게 바치는 제물을 보관하기 위해 지은 건물이야. 길 곳곳에 이런 보물 창고가 늘어서 있었단다.

 **델포이 신전을 찾아온 유명한 사람이 있다면서요?**

▶ 철학자 소크라테스도 이곳에서 본인이 세상에서 가장 현명한 사람이라는 이야기를 들었고, 알렉산드로스 대왕도 전쟁을 치르기 전 바로 이곳에서 신탁을 청했어.

시간이 지나 다 허물어진 모습이었지만,
신성한 곳이었다고 생각하니
맷돌처럼 둥글둥글한 돌기둥마저 멋있게
보이더라! 히히~
그런데 옛날 그리스 사람들은 어떻게
신의 목소리를 들을 수 있었다는 걸까?

신탁을 받는 모습

그림으로 보는 그리스 신화
## 델포이 신탁

피티아는 여자만
될 수 있었나요?

▶ 응! 아폴론이 가이아의 신탁소를 지키던 뱀 '피톤'을 죽인 죄를 씻기 위해 피톤의 아내로 하여금 자신의 신탁소를 지키는 '피티아'라는 여사제로 두었단다. 이후, 피티아는 여자만 될 수 있었어.

##  절벽 위의 수도원 **대 메테오라 수도원**

"옛날 그리스 사람들은 신화 속 신들을 믿었는데, 지금도 그런가요?"
두기의 질문에 선생님은 지금 대부분의 그리스 사람들이
'그리스 정교'라는 종교를 믿는다고 하셨어.
그리스 정교는 가톨릭교와 함께 크리스트교에서 가장 오래된 종파 중 하나래~
"이곳은 그리스 정교회 수도원*이 모여 있는 '메테오라'야.
보다시피 바위 봉우리에 수도원이 자리하고 있단다."
실제로 보니, 수도원이 하늘 위에 붕 떠 있는 것 같았어. 우아~

* 세상과 떨어져 지내며 신앙생활을 하는 곳

왜 봉우리 위에 수도원이 세워진 거예요?

오스만 제국이 그리스를 정복하면서 이슬람 세력을 넓혀 왔기 때문이야. 그리스 정교를 믿는 사람들은 신념을 지키기 위해 봉우리 꼭대기에 정교회를 짓고 종교를 지켜 나갔단다.

**하늘에서 본 대 메테오라 수도원**

**그리스 정교는 어떤 종교예요?**

▶ 옛날 로마 제국이 동서로 갈라지면서 동로마 제국에서 믿던 종교야. 그리스가 한때 동로마 제국의 영토였기 때문에 그리스에도 정교가 전해졌어.

"메테오라에는 유명한 수도원이 다섯 개나 있는데,
'대 메테오라 수도원'은 그중에서도 가장 크고 오래된 수도원이란다."
700년 전에 만들어졌다는데, 지붕이 정갈하고 색깔도 무척 예쁘더라!
우린 멋진 산 경치도 구경하고, 사진도 찍으며 열심히 계단을 올랐어.
그런데 어쩜 올라도 올라도 끝이 안 보이는 거 있지?
휴~ 옛날 사람들은 어떻게 여길 오르락내리락했던 걸까?

**계단이나 다리가 없던 옛날에는 어떻게 했어요?**

▶ 생활에 필요한 물건이나 식량은 도르래에 매달린 바구니를 통해 공급되었어. 사람도 바구니를 타야 수도원 안으로 들어갈 수 있었단다. 수도원은 외부인의 침입을 막고 세상과 단절하기 위해 계단을 만들지 않았다고 해.

## 용선생의 스페셜 가이드

# 피티아가 전해주는 신탁 이야기

신탁의 도시, 델포이 여행은 재미있었니?
신의 조언을 구하는 신탁은 그리스 신화 속에도 자주 등장한단다.
여사제 피티아가 신탁과 관련된 유명한 신화를 들려주기로 했어!
그림과 함께 살펴보자!

###  쿠마에 여사제의 영원한 삶

## 스핑크스를 물리치고 어머니를 차지한 아들, 오이디푸스

테베의 라이오스왕과 왕비 사이에서 태어난 오이디푸스는 아버지를 죽이고 어머니와 결혼하게 될 것이라는 신탁 때문에 세상에 나오자마자 산속에 버려지고 말았단다.

하지만 오이디푸스는 양치기의 도움으로 목숨을 구했고, 이웃 나라 코린토스왕의 양아들이자 왕자로 성장했어.

시간이 지나 신탁을 듣게 된 오이디푸스는 운명을 피하려 코린토스를 떠나 테베로 향했어.

그러다 우연히 길거리에서 싸움이 붙어 사람을 죽이게 돼. 그런데 알고 보니 친아버지인 라이오스왕이었던 거야! 피티아의 예언이 딱 맞아 떨어진 거지!

오이디푸스는 그 사실을 알 리 없었어. 테베에 도착한 오이디푸스는 사자 괴물 스핑크스에 대한 이야기를 듣게 돼!

오이디푸스는 스핑크스를 찾아갔어. 스핑크스는 오이디푸스에게 수수께끼를 냈지. 하지만 오이디푸스는 그 문제를 아주 가볍게 풀어 버렸단다.

스핑크스는 분한 마음에 절벽에서 뛰어내렸어. 스핑크스를 물리친 오이디푸스는 테베의 왕이 되어, 여왕과 결혼을 하게 됐지. 친엄마인 줄도 모르고 말이야~!

오이디푸스가 왕이 되자, 테베에는 자꾸 흉년이 들고, 전염병까지 돌기 시작했어. 해결책을 찾기 위해 신탁을 들으러 간 오이디푸스는 모든 진실을 알게 됐지! 이후, 눈을 뽑고 방랑자의 길을 택했다는 비극적인 이야기야!

# 길 찾기

영심이가 메테오라 수도원에서 내려오는 길에 그만 길을 잃고 말았어.
용선생과 친구들이 있는 곳까지 함께 가줄래?

# 왕수재, 테살로니키에서 우주 정복을 꿈꾸다!

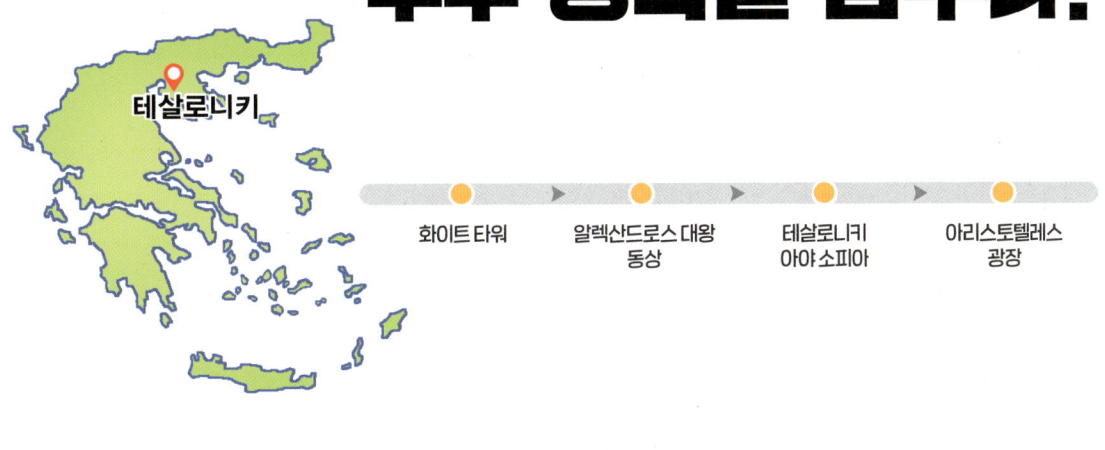

- 화이트 타워
- 알렉산드로스 대왕 동상
- 테살로니키 아야 소피아
- 아리스토텔레스 광장

# 아시아로 가는 관문 테살로니키

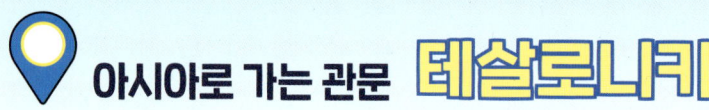

후후! 우리는 그리스에서 두 번째로 큰 도시인 테살로니키에 왔어!
"테살로니키는 옛날부터 유럽과 아시아를 잇는 교통과 무역의 중심지였단다."
선생님은 테살로니키에서 가장 유명한 건물을 보여주겠다고 하셨어.
"어?! 선생님, 저 이거 책에서 봤던 탑이에요~!"
해변가에 있는 타원기둥의 탑이었는데, 실제로 보니까 생각보다 꽤 크더라고!
"테살로니키를 상징하는 '화이트 타워'란다. 원래는 성벽이었다가, 오스만 제국이 테살로니키를 지배했을 땐 감옥으로 사용됐지."
이곳에서는 오스만 제국의 황제가 반란을 일으켰던 군사들을 한꺼번에 몰살시킨 일이 있었대.
그 후 이 탑이 '피로 물든 탑'으로 불렸다지 뭐야?
으의! 피로 물든 탑이라니, 생각만 해도 끔찍하네!

1912년에 탑을 하얗게 칠하면서 '화이트 타워'가 되었단다.

아하! 그런데 창문이 무척 작네요?

## 세계 정복을 꿈꾼 알렉산드로스 대왕

"헬레니즘 문화를 탄생시켰던 마케도니아의 유명한 왕, 기억나니?"

"그럼요~ 알렉산드로스 대왕 말씀이시죠?"

알렉산드로스 대왕은 당시 제일 잘나가던 페르시아 제국을 무너뜨리고, 유럽부터 아프리카, 아시아까지 드넓은 영토를 차지한 왕이야.

이곳에 멋진 알렉산드로스 대왕의 동상이 있다고 해서 보러 왔어.

금방이라도 바람을 가르며 달려 나갈 것 같은 저 모습 좀 봐! 멋지다~!

와! 이분이 알렉산드로스 대왕이로군요!

맞아! 알렉산드로스 대왕은 뛰어난 군사 전략으로 전쟁에서 매번 승리를 거두었단다.

"알렉산드로스는 큰 꿈을 가지고 있었어. 페르시아처럼 어마어마한 대제국을 물리치고도 나아가 전 세계를 차지하고 싶어 했지."
이야기를 듣다 보니, 나도 새로운 꿈이 생겼어!
그건 바로 우주 정복! 음하하!

### 그림으로 보는 그리스 이야기
### 고르디우스의 매듭

원정을 떠난 알렉산드로스는 지금의 튀르키예 땅에 있던 고대 국가 프리기아의 수도 고르디움을 정복하게 된단다.

그런데 고르디움에는 아주 재미난 소문이 돌고 있었어.

고르디우스왕이 자신의 전차에 아주 복잡한 매듭을 묶어 두었는데, 그 매듭을 풀면 훗날 아시아를 정복하게 될 거라고 하더군!

소문을 들은 알렉산드로스는 당장 매듭이 있다는 곳으로 찾아갔지. 그러고는 매듭을 풀어 보려 안간힘을 썼지만, 쉽지 않았단다.

결국 칼을 꺼낸 알렉산드로스는 조금도 망설이지 않고 매듭을 쾅! 하고 내리쳤어. 매듭은 동강 났고, 알렉산드로스는 아시아를 정복하러 길을 나섰지!

## 그리스 정교의 세례식

다음으로 간 곳은 그리스 정교회 성당!

"그리스 정교를 믿는 아기들은 태어나면 정교회 성당에서 세례를 받는단다."

때마침 성당 안에서는 한 아기의 세례식이 진행되고 있었어.

신부님은 아기의 몸에 올리브기름을 듬뿍 바르고는 깨끗한 물로 몸을 씻겨 줬지.

올리브기름이 나쁜 기운을 물리쳐 준다고 믿기 때문이래.

흠, 그런데 아기 얼굴을 보니 엄청 겁을 먹은 것 같은데?

**테살로니키 아야 소피아**

**종교마다 세례 받는 방법이 어떻게 달라요?**

▶ 세례는 종교를 믿기 전에 물로써 모든 죄를 씻는다는 의미에서 베푸는 종교적인 의식이야. 그런데 종교마다 그 방법이 조금씩 다르단다. 몸 전체를 물속에 담그기도 하고, 물을 머리에 뿌리거나, 붓기도 해.

## 서양 학문의 아버지 **아리스토텔레스**

우린 좁은 골목을 빠져나와 도시 한가운데 있는 광장에 도착했어.

"선생님, 이 사람은 누구예요?"

"고대 그리스 철학자 아리스토텔레스야. 소크라테스, 플라톤과 함께 고대 그리스 3대 철학자로 손꼽히지."

이곳은 아리스토텔레스를 기리기 위해 만들어진 광장이래. 아리스토텔레스는 나도 잘 아는 철학자야! 고대 그리스 학문의 체계를 다지고, 철학부터 정치, 과학, 예술, 문학 등 다양한 분야의 책도 많이 남겼지~ 후훗!

### 아리스토텔레스
**(기원전 384년~기원전 322년)**

'서양 학문의 아버지'라 불리는 아리스토텔레스는 삼단 논법뿐만 아니라, 지구를 중심으로 모든 천체가 돌고 있다는 주장을 펼치기도 했어.

아리스토텔레스가 주장한 유명한 추리법이야.
① 사람은 동물이다.
② 동물은 죽는다.
③ 따라서 사람은 죽는다.

주어진 전제를 통해 결론을 추려 가는 사고 방법 중 하나란다.

잘 아는구만~

① 나는 천재다.
② 천재는 멋지다.
③ 나는 멋지다.

선생님, 아리스토텔레스의 '삼단 논법'이 뭐예요?

저 해볼게요!

**아리스토텔레스가 알렉산드로스 대왕의 스승이라면서요?**

▶ 맞아. 다양한 학문을 가르치던 아리스토텔레스는 알렉산드로스에게 세상의 끝에 인도라는 나라가 있다고 가르쳐 주었지. 아리스토텔레스 덕분에 알렉산드로스는 일찍부터 아시아에 대한 관심을 키워 나갔어.

# 야망의 사나이, 알렉산드로스 대왕

영어식 발음으로 '알렉산더'라고 불리는 알렉산드로스 대왕은 원정을 떠난 지 10여 년 만에 페르시아와 이집트를 정복하고, 인도 서북부 지역까지 나아가며 대제국을 세웠어. 알렉산드로스 대왕이 지나온 삶을 함께 살펴보자!

### 1 20세, 마케도니아의 왕이 되다!

알렉산드로스는 기원전 356년, 마케도니아의 수도였던 펠라에서 태어났어. 어렸을 때부터 똑똑하고 용감했던 알렉산드로스는 20세가 되던 해, 아버지였던 필리포스왕이 죽으면서 젊은 나이에 왕위에 오르게 되었단다.

> 후후~ 나는 20세에 벌써 왕이 됐지!

### 2 22세, 페르시아를 정복하러 떠나다!

알렉산드로스는 용감한 전사이면서 뛰어난 지휘관이었어! 왕위에 오르자마자, 페르시아 원정을 계획하던 아버지의 뒤를 이어 그리스 연합군을 이끌고 페르시아로 떠났단다.

> 군사들이여, 나를 따르라~!

### 3 이수스 전투에서 승리하다!

기원전 333년, 알렉산드로스는 페르시아 왕 다리우스 3세의 군대를 지금의 튀르키예에 있는 이수스 평원에서 쓰러뜨렸어. 이후, 페르시아를 정복한 알렉산드로스는 그리스와 페르시아를 넘어 전 세계를 다스리는 왕이 되고 싶어졌지!

이수스 전투 장면을 그린 모자이크화

> 다리우스 3세는 페르시아 제국의 마지막 왕이란다. 말을 타고 달려 나가는 알렉산드로스 대왕과 전차를 돌려 황급히 달아나는 페르시아 왕의 모습을 나타낸 그림이야!

### 4  29세, 인도까지 나아가다!

인도가 세상의 끝이라고 믿었던 알렉산드로스는 인도를 정복하려 했어. 알렉산드로스는 인더스강 유역에서 3배나 많은 인도 군사들과 200마리의 전투 코끼리를 상대로 전쟁을 치렀단다. 머릿수가 적던 알렉산드로스 군대에게 불리한 전쟁이었지만, 전략적으로 코끼리 부대를 상대하며 전투를 이어 나갔지. 그 결과, 알렉산드로스는 인도의 서북쪽까지 나아갈 수 있었어.

### 5  33세, 죽음을 맞이하다.

알렉산드로스는 남은 인도 땅마저 모조리 정복하고 싶었지만, 오랜 전쟁으로 몸도 마음도 지친 군사들 때문에 고향으로 돌아갈 수밖에 없었어. 그런데 알렉산드로스는 고향으로 돌아가는 길에 그만 병에 걸려 갑작스럽게 세상을 떠났단다.

**알렉산드로스 대왕이 세운 대제국**

세계 정복의 꿈을 이루진 못했지만, 그리스부터 인도 서북부까지 엄청난 대제국을 이루었지.

### 알렉산드로스가 '대왕'이 된 이유는?

알렉산드로스가 비록 전 세계를 정복하지는 못했지만, 한 가지 큰 업적을 남겼어.
그건 바로 **헬레니즘!** 알렉산드로스는 정복한 나라들을 잘 다스리기 위해 그리스의 서양 문화와 페르시아의 동양 문화를 합치려 했어. 페르시아 공주를 부인으로 맞이하기도 하고, 자신의 부하들과 페르시아 여인들을 결혼시키는 등 많은 노력을 기울였지. 이렇게 동서양의 문화가 활발히 어울리기 시작한 시대를 헬레니즘 시대라고 해. 헬레니즘 시대에는 특히 학문과 예술이 크게 발전했어.

**사모트라케의 니케**

# 범인 찾기

누가 알렉산드로스 대왕 동상에 달걀을 던지고 도망갔어!
깨진 달걀 때문에 알렉산드로스 대왕의 얼굴이 엉망이 됐네!
용의자는 모두 6명! 세 가지 증거를 보고 범인이 누구인지 찾아줘!

## 사건 노트

### 사건 발생

누가 동상에 달걀을 던지고 도망간 거야!!

탐정 나선애

수많은 사람 중 범인은 과연 누굴까?

### 첫 번째 증거

알렉산드로스 대왕 동상이 얼마나 높다고~! 저기를 맞히려면 키가 엄청 클 거야! 최소 180cm 이상!

### 두 번째 증거

언뜻 봤는데, 범인은 금발이었어!

### 세 번째 증거

회색 옷을 입고 있지 않았나? 끈도 달려 있었어!

## 용의자들

범인은 이 안에 있다!

이름: 마리아
나이: 19세
국적: 그리스
직업: 고등학생

이름: 요아나
나이: 27세
국적: 그리스
직업: 카페 직원

이름: 니콜라스
나이: 29세
국적: 그리스
직업: 모델

이름: 루카스
나이: 32세
국적: 미국
직업: 사진작가

이름: 왕웨이
나이: 22세
국적: 중국
직업: 아테네 대학교 교환 학생

이름: 김순자
나이: 58세
국적: 대한민국
직업: 교사

# 나선애, 바닷가 마을에서 펠리컨을 만나다!

미코노스섬 투어 ▶ 델로스섬 투어

 작은 베네치아 **미코노스섬**

오늘은 에게해 남쪽에 있는 <u>미코노스섬</u>에 왔어.

**퐈아오~** 갈매기 소리가 들리는 걸 보니, 바다에 온 게 실감나!

푸른 바다를 따라 하얀 집들이 늘어선 미코노스섬은 멋진 풍경으로 소문난 섬이래. 그만큼 관광객도 많다더라고!

우리는 멋진 해변 풍경에 잠시 넋을 놓고 감상했지.

"이곳은 <u>미코노스가 당시 지중해 강대국이었던 베네치아 공화국의 지배를 받던 때 만들어진 곳</u>이란다. 풍경이 참 예쁘지?"

그래서 곳곳에 그 흔적이 남아 있대! **오호!**

그런데 아까부터 물장구치는 저 새 좀 봐! 너무 귀엽다~!

 **펠리컨이 왜 미코노스섬을 상징하는 새가 되었어요?**

▶ 1958년 한 어부가 상처 입은 펠리컨을 발견했어. 어부가 정성껏 치료해준 덕에 펠리컨은 금세 건강을 되찾았지. 그 뒤로 펠리컨은 섬을 떠나지 않고 어부와 함께 지내기 시작했어. '페트로스'라는 이름으로 불리며 오랫동안 이 섬의 마스코트가 됐지.

## 그림으로 보는 그리스 신화
### 제우스와 거인족의 전쟁

올림포스 신들과 거인족 기간테스는 신들의 지배자 자리를 놓고 전쟁을 치렀단다. 하지만 전쟁은 좀처럼 끝이 나지 않았어.

제우스는 싸움에서 이기려면 자신들을 도와 싸울 수 있는 강한 인간이 필요하다는 예언을 듣게 돼.

그게 바로 그리스 최고 인간 영웅 헤라클레스야. 세상에서 가장 힘이 센 헤라클레스는 거인족의 대장을 활로 쏴 물리치며, 전쟁을 승리로 이끌었어.

그때 죽은 거인족의 시체가 바로 미코노스 바위섬이 되었다는 이야기가 전해진단다.

# 그리스 사람들의 장수 비결 **그릭 요거트**

펠리컨과 즐거운 시간을 보내고, 그리스의 명물 음식을 먹으러 갔어.

"드디어 나왔구나~!"

새하얀 게 우유 아이스크림인가?

"신선한 우유로 만든 그리스 전통 요거트란다. 먹어보렴!"

그리스는 장수의 나라로 알려졌을 만큼 건강한 음식을 즐겨 먹는대.

그중 하나가 바로 그릭 요거트!

츄루룹~! 음, 상큼해!

**그리스 전통 요거트**

**그릭 요거트가 건강에 좋아요?**

▶ 그릭 요거트는 일반 요거트에 비해 단백질도 많고, 나트륨과 당도 적거든. 게다가 유산균도 풍부해서 건강에 좋아!

## 미코노스섬의 상징 풍차

카페에 앉아 해변가를 보는데,
저 멀리 풍차가 언덕 위에서 삐걱삐걱 돌아가고 있었어.
선생님께 여쭤봤더니, 저게 미코노스섬에서 유명한 풍차래.
그래서 그런지 풍차 앞에 서서 사진을 찍는 관광객들이 많았어!
"미코노스는 한때 유럽과 아시아를 잇는 해상 무역의 중심지였는데,
주요 생산물이었던 곡물을 빻기 위해 풍차를 만들었단다."
오오, 미코노스섬은 어디서나 세찬 바람이 불어오니까, 풍차가 있기에 딱이었겠네!

 지금도 풍차가 돌아가요?

▶ 아니, 지금은 돌아가지 않아. 그래서 저렇게 가느다란 살만 남아 있는 거란다. 수백 년 전에는 바람에 잘 돌아갈 수 있게 삼각형 모양의 두꺼운 천을 두르고 있었지. 배에 달린 돛처럼 말이야!

## 아폴론과 아르테미스의 고향  **델로스섬**

"바로 옆에 있는 **델로스섬**도 둘러볼까?"

오, 델로스? 이름이 익숙하다 했더니, **델로스 동맹이 이루어진 섬**이래!

"**델로스섬은 에게해 중앙에 있어서, 고대 그리스 시대에 국제 무역항으로 발전했던 섬**이란다."

선생님은 델로스가 그리스 신화에서도 아주 의미 있는 곳이라고 하셨어.

"무슨 신화인지 궁금해요! 어서 들려주세요!"

그림으로 보는 그리스 신화
**섬이 된 아스테리아**

○ 델로스섬 고대 유적지에서

이거 물개 아니에요?

No~

델로스섬을 상징하는 사자 조각상이야.

제우스는 거인족의 딸 레토와 바람을 피우게 돼.

오~ 레토~ 당신만을 사랑해~
오홍홍~ 정말요?!
레토

1

여기가 아고라였다고요?

응, 델로스섬에서 물건을 사고파는 상업 활동이 이루어졌던 곳이야.

결국, 아스테리아는 돌로 변해 바다에 뛰어들었어. 파도 밑에 숨은 아스테리아는 바위섬이 되고 말았단다.

기다려! 아스테리아~!

영 퍼

4

제우스의 사랑을 받느니, 차라리 돌이 되고 말지.

델로스섬에 얽힌 재미난 신화는 태양의 신 아폴론과 사냥의 신 아르테미스의 탄생 이야기였어.

"아폴론과 아르테미스는 제우스와 거인족의 딸 레토 사이에서 나온 쌍둥이란다. 아폴론과 아르테미스는 우여곡절 끝에 바로 이 델로스섬에서 태어났지."

옛날 그리스 사람들은 두 명의 신이 태어난 곳이라 해서 델로스섬을 신성한 곳으로 여겼대.

드르렁~ 아니, 이게 무슨 소리야? 으이구, 장하다가 내는 소리잖아? 장하다는 조느라 하나도 못 들었겠네. 쯧쯧~

**델로스섬에 볼거리가 많나요?**

▶ 델로스섬은 고대 그리스의 종교 중심지이기도 했어. 두 신이 태어난 델로스섬에는 많은 순례자들이 모여들었단다. 그러다 보니 신전과 종교적인 유적지가 아주 많아!

**용선생의 스페셜 가이드**

# 그리스 신화 올림포스 12신

그리스 신화는 고대 그리스 사람들이 만들어낸 신에 대한 이야기야. 그리스 신화에서 올림포스산은 신들이 살아가는 곳이지. 신화에 등장하는 12명의 주인공을 만나러 가 보자!

### 포세이돈
난 **바다와 강의 신**이야. 황금 갈기를 가진 말을 타고 바다를 자유롭게 다니지. 삼지창으로 거대한 파도나 지진을 일으킬 수 있으니, 조심하라고~

### 아프로디테
난 바다의 거품에서 태어난 **미와 사랑의 신**이야. 신화에서는 세상에서 가장 아름다운 여인으로도 알려져 있지. 누가 감히 나보다 아름답대?

### 헤파이스토스
**불과 대장장이의 신**이야. 나는 추한 외모 때문에 엄마 헤라로부터 버림을 받았어. 하지만 무기나 공예품을 만드는 기술은 그 누구보다 뛰어나지~!

### 아폴론
**태양, 음악, 예언의 신**이야. 내 뛰어난 리라 연주를 들으면 나한테 흠뻑 빠져 버릴걸?!

### 데메테르
**땅의 신**이야. 곡물이 잘 자라는 건 다 내가 도와줘서지~ 내가 없으면 땅은 온통 메말라 버리고 말 거야!

### 제우스
난 **그리스 신화 최고의 신**이야. 온 세상을 지배하며 법과 질서를 다스리지. 난 천둥과 번개를 마음대로 다룰 수 있단다.

### 헤라
난 가정을 돌보는 **결혼과 출산의 신**이야. 신화에서는 바람기 많은 남편 제우스와 다른 여인과의 애정 행각을 응징하는 복수의 화신으로 자주 등장하지. 가정의 평화는 내가 지킨다!

### 아테나
**지혜의 신**이자, **전쟁과 평화를 다스리는 신**이야. 그리스 수도 아테네는 내 이름을 따서 지은 거란다. 멋지지?

### 아레스
**전쟁의 신**이야. 난 거친 전투와 싸움을 즐기지! 나랑 한 판 붙으면 피를 보게 될 테니, 조심하는 게 좋을 거야!

### 아르테미스
아폴론의 쌍둥이 남매로 알려진 나는 **사냥과 달의 신**이야. 내 활 솜씨는 아무도 못 따라올걸?!

### 디오니소스
난 **포도주와 풍요의 신**이야. 포도주는 옛날 그리스에서 물처럼 쓰였을 만큼 중요한 술이었다고~ 흐흐, 포도 한 송이 줄까?

### 헤르메스
**여행자, 상인, 도둑의 수호신**이야. 난 신의 뜻을 인간에게 전하는 전달자면서, 죽은 사람의 영혼을 저승으로 이끄는 역할도 해. 그래서 하늘과 인간 세계, 저승까지 못 가는 곳이 없지!

# 조건에 알맞은 신 찾기

제우스가 아름다운 여인에게 반해 도망을 갔다지 뭐야?!
가정의 신 헤라가 제우스를 찾아 나섰어!
헤라가 제우스를 찾을 수 있도록 우리가 도와주자!

★Hint★
제우스는 흰 수염이 덥수룩하고 번개 모양의 창을 들고 있어!

아내 몰래 바람을 피우다니! 가정의 수호신으로서 용서할 수 없지!

흥!

# 허영심, 산토리니에서 인생 사진을 찍다!

이아 마을 ▸ 산토리니 화산섬 투어 ▸ 산토리니 포도밭 ▸ 레드 비치

# 환상의 섬 산토리니

"자! 기다리고 기다리던 그리스 최고 휴양지에 도착했단다!"

꺅! 설레는 마음을 안고 찾아온 이곳은 에게해 남쪽 끝에 있는 섬, 산토리니!

"말로만 듣던 산토리니를 실제로 와 보다니~ 정말 사진이랑 똑같다!"

> 어떤 건물은 지붕이 동그랗네요?

> 파랗고 둥근 지붕은 그리스 정교회 성당 건물이란다!

> 이 사진 너~무 잘 찍혔다!

**왜 절벽에 집을 지었어요?**

▶ 절벽에 있는 집은 기존에 있던 화산층의 구멍을 활용해서 만든 거야. 그래서 겨울에는 따뜻하고, 여름에는 아주 시원하다는 장점이 있지! 섬의 모양을 이해하고 조화롭게 지은 것이 참 멋지지 않니?

"이 풍경은 다들 한 번쯤 본 적 있지?

여기는 **이아 마을**인데, 산토리니 북쪽 끝에 있는 바다 마을이야.

**산토리니를 상징하는 곳**이지."

텔레비전 광고에도 많이 나와서 꼭 한번 와 보고 싶었는데~

하얗고 파란 건물들이 다닥다닥 붙어 있으니 정말 동화 속 마을 같아.

사진 많이 찍어둬야지! **히히**.

신혼부부도 정말 많네~! 나도 결혼하면 꼭 다시 와야지!

**모든 건물을 하얗게 칠했네요?!**

▶ 건물을 하얗게 칠하는 데 쓰인 석회 가루는 해충을 막아주는 역할을 했대. 게다가 흰색은 빛을 반사하는 성질을 지니고 있어서, 강렬한 태양빛을 반사해 건물 내부 온도를 낮추는 역할도 한단다.

이아 마을은 알록달록한 집이 모여 있는 예쁜 골목이 유명하대.
계단을 따라 골목을 오르려는데,
당나귀를 타는 관광객들이 보였지.
"당나귀가 머리띠를 했네? 너무 귀엽다~!"
산토리니 절벽에 있는 항구로 가려면 계단을
한참 내려가야 해서, 당나귀를 교통수단으로
이용한대.
오호! 저희도 당나귀 택시 타고 싶어요!
선생님!

**산토리니 관광객을 태우는 당나귀들**

### 당나귀를 타고 골목을 올라가요?

▶ 관광객을 태우고 마을을 도는 당나귀 택시는 산토리니에서 큰 인기를 끌었어. 하지만 최근에는 당나귀 보호를 위해 이용을 자제하는 캠페인을 하기도 하고, 몸무게가 100킬로그램이 넘는 관광객은 이용하지 못하도록 규제하고 있단다.

#  대규모 화산 폭발이 일어났던 산토리니

헉! 선생님이 그러시는데, 산토리니는 원래 하나의 큰 섬으로 이루어져 있었대. 3,500년 전에 거대한 화산 폭발로 생긴 분화구*에 바닷물이 차면서 크게 세 개의 섬으로 나뉘게 된 것이었지.

*화산의 용암과 가스가 나오는 구멍

오! 정말 연기가 올라오네?

"당시 주변에 있던 크레타 문명을 파괴할 정도로 무시무시한 폭발이었단다."

오, 정말요? 신기한 건 아직도 그때 그 화산이 살아 있다는 사실! 항구에서 배를 타고 조금만 나가면 화산섬을 구경할 수 있었어. 탄 흙 내음 가득한 곳에서 바다 온천을 즐기니, 정말 화산에 왔다는 게 실감나더라~!

그렇지! 그런데 1956년에 마지막으로 폭발하고 오랫동안 쉬고 있어. 그래서 이렇게 온천도 즐길 수 있는 거란다.

지금도 화산 활동을 하고 있으면, 언제든지 뜨거운 용암을 뿜을 수 있다는 건가요?

선생님!! 화산이 폭발 하려 해요!

후끈후끈~ 목욕탕에 온 것 같아!

"산토리니는 어쩜 이렇게 날씨가 좋아요?"

햇볕이 쨍쨍하게 내리쬐는 산토리니는 포도가 자라기에 아주 좋은 곳이래.

그래서 그런지 주변에 포도밭이 엄청 많았지.

"산토리니 와인은 산토리니의 특산품이야. 독특한 똬리 모양의 포도나무에서 얻어지는 와인이거든~ 흥흥!"

오호, 그렇구나! 그런데요 선생님… 너무 좋아하시는 거 아니에요?

우린 버스를 타고 붉은 모래가 가득한 해변가에 왔어.

"산토리니의 명소 중 하나인 붉은 해변이란다.

절벽부터 해변가까지 온통 붉은 모습이 정말 아름답지?"

세상에~ 이런 해변은 처음 봐요!

혼자만 즐기기에는 아쉬운 풍경이야~ 친구들한테도 소개해 줘야지! 히히.

 해변이 어떻게 이렇게 붉어요? ▶ 붉은 화산암 절벽과 모래로 이루어진 해변이거든. 산토리니에는 레드 비치 외에도 블랙 비치와 화이트 비치도 있으니, 나중에 꼭 한번 들러 봐~!

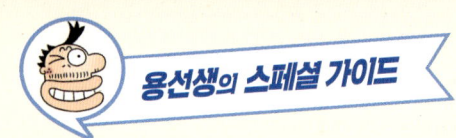

# 그리스 신화 극장에 초대합니다!

너희도 한 번쯤은 재밌게 읽은 신화가 있지? 그리스 신화에는 수많은 신과 영웅이 등장하는 만큼 다양한 이야기가 전해진단다. 이 용선생이 못 다한 그리스 신화를 들려줄게!

옛날 페니키아에는 에우로페라는 공주가 살고 있었어. 제우스는 아리따운 에우로페를 보고 한눈에 반해 버렸지! 어느 날, 제우스는 에우로페의 마음을 사기 위해 공주가 좋아하던 하얀 황소로 변신했어.

그러고는 에우로페를 등에 태워 멀리 헤엄쳐 갔단다. 크레타섬에 도착한 제우스는 원래의 모습으로 돌아와 에우로페와 사랑에 빠졌어. 이후, 제우스가 에우로페를 태우고 간 곳을 '에우로페'라고 불렀어. 그게 지금 유럽(EUROPE)의 어원이 된 거야.

에우로페를 영어식으로 읽으면 유럽이 되거든~

그리스 신화에 등장하는 영웅 페르세우스는 자신의 어머니를 탐내는 왕의 계략에 빠져, 메두사의 머리를 베어 오라는 명령을 받았어. 메두사는 보는 순간 돌로 변하는 뱀 머리를 가진 괴물이었지. 길을 떠난 페르세우스는 신들의 도움을 받아 하늘을 날 수 있는 샌들과 모습을 감출 수 있는 투구, 독을 견딜 수 있는 마법의 자루를 갖게 되었단다. 덕분에 메두사의 목을 쉽게 벨 수 있었지! 하지만, 왕은 머리를 베어 왔다는 페르세우스의 말을 믿지 않았어. 화가 난 페르세우스는 메두사의 머리를 꺼내 버렸단다! 왕은 그 자리에서 돌로 변했고, 페르세우스는 무사히 어머니를 구할 수 있었다는 이야기야.

메두사는 원래 아름다운 여인이었는데, 자신의 아름다움을 자랑하다가 아테나의 미움을 사서 괴물로 변한 거래!

나도 한때는 되게 예뻤다고~

## 프로메테우스

옛날에는 신들만 불을 사용할 수 있었대. 제우스는 불이 인간의 손에 넘어가면 위험하다고 생각해서 금기로 여겼거든! 그런데 프로메테우스가 인간을 불쌍히 여겨 불을 훔쳐다 준 거야! 화가 난 제우스는 프로메테우스에게 끔찍한 형벌을 내렸어. 바로 산 절벽에 묶어 평생 독수리에게 간을 쪼아 먹히게 하는 것이었지! 하루 종일 파 먹힌 간은 다음날이면 또다시 생겨나 독수리의 먹이가 되었어. 영웅 헤라클레스가 도와주기 전까지 3천 년 동안이나 가혹한 벌을 받으며 고통을 겪어야 했단다.

"불만 있으면 사람들이 더 편하게 살 수 있을 거야."

## 판도라의 상자

제우스는 불을 사용한 인간에게도 벌을 내리기로 했어. 제우스는 프로메테우스의 동생 에피메테우스에게 상자 한 개와 아름다운 여인 판도라를 선물로 주었단다. "상자를 절대 열어서는 안 된다."라는 말과 함께 말이지.
판도라와 에피메테우스는 행복한 나날을 보냈어. 그러던 어느 날, 판도라가 호기심에 결국 상자를 열어 버리고 만 거야! 상자에서는 온갖 불행과 재앙이 나와 흩어졌어. 놀란 판도라는 황급히 뚜껑을 닫았단다. 마지막 남은 희망만 두고 말이야! 그래서 인간들은 힘든 일을 겪어도 남은 희망 덕분에 어려움을 이겨내며 살아가는 거래.

"알아봤자 위험한 비밀을 '판도라의 상자'라고 하지."

## 시시포스의 바위

코린토스의 왕 시시포스는 제우스가 강의 신 아소포스의 딸을 유혹해 어느 섬으로 데려가는 모습을 보았어. 시시포스는 사라진 딸을 찾던 아소포스에게 그 사실을 알려 주었지! 아소포스는 곧장 섬으로 가 제우스와 한 판 싸움을 벌였어. 제우스는 고자질한 시시포스가 못마땅했단다. 그래서 저승으로 보내려 했지. 하지만 시시포스는 온갖 꾀를 쓰며 도망쳐 다니다가, 결국 나이가 들어 죽고 나서야 저승으로 가게 되었어. 시시포스가 괘씸했던 제우스는 무서운 벌을 줬어. 바로 커다란 바위를 가파른 언덕 위로 밀어 올리는 것이었지. 그런데 바위를 언덕 위에 올리면 도로 굴러서 또다시 언덕 아래로 내려왔어. 그래서 끝없이 반복해서 바위를 언덕 위로 굴려 올려야만 했단다. 정말 끔찍하지?

"그래서 해도 해도 끝이 없는 괴로운 일을 '시시포스의 바위'라고 해."

# 숨은 그림 찾기

당나귀를 타고 이아 마을을 오르는데,
당나귀가 펄쩍 뛰는 바람에 가방 안의 물건이 다 사라져 버렸어!
사라진 하다의 물건은 총 일곱 개! 어서 모두 찾아줘~!

## 찾아야 할 물건

모자 · 칫솔 · 액자 · 도자기 · 망원경 · 양말 · 종이비행기

# 곽두기, 크노소스 궁전에서 괴물 이야기를 듣다!

크노소스 궁전 ▶ 니코스 카잔차키스 무덤 ▶ 딕테안 동굴 ▶ 문어 요리 식당

크레타

> 수천 년 전에 지어진 궁전에 이런 벽화가 그려져 있어요? 엄청 화려하다~

 크레타의 **미로 궁전**

벌써 여행 아홉 번째 날! 오늘은 그리스에서 가장 큰 섬인 크레타섬에 왔어.

"크레타섬은 4천 년 전쯤 유럽에서 가장 먼저 문명이 싹튼 곳이란다."

알고 보니 크레타섬은 약 8만 명의 사람들이 모여 살았을 정도로 큰 도시였다는 거 있지? 그 흔적을 찾아온 곳은 크노소스 궁전!

크노소스 궁전은 천 개가 넘는 방이 있었을 만큼 거대한 궁전이었대.

게다가 한번 들어가면 쉽게 나올 수 없을 정도로 복잡해서,

미로 궁전으로도 불렸다는 거야~ 와, 정말 무서운 궁전이다!

 **'미궁에 빠지다.' 할 때 미궁이 여기라고요?!**

▶ 맞아! '미궁에 빠지다.'는 해결책을 찾지 못해 갈팡질팡할 때 흔히 쓰는 표현인데, 미궁은 길을 쉽게 찾을 수 없을 만큼 복잡한 곳을 말한단다. 이때 미궁이 바로 크노소스 궁전에서 유래된 거야.

"그런데 왜 이렇게 복잡한 미로를 만들었을까요?"

수재 형이 묻자, 선생님은 크노소스 궁전에 전해지는 재미난 신화를 들려주셨지.

와, 크노소스 궁전 괴물 이야기는 그 어떤 이야기보다 흥미진진한걸!

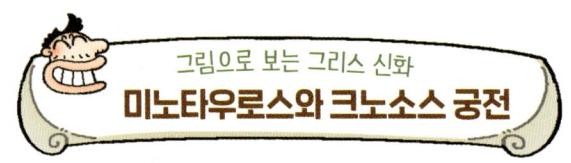

그림으로 보는 그리스 신화
## 미노타우로스와 크노소스 궁전

**1.** 미노스는 크레타의 왕 자리를 두고 형제들과 다투게 되었어. 미노스는 신들이 자기에게 왕국을 맡겼다며 큰소리쳤지.
"내가 포세이돈님께 기도를 올리면, 멋진 황소를 보내주실 거야!"

**2.** 그런데 미노스가 열심히 기도를 올리자, 포세이돈이 정말 흰 황소를 보내준 거야! 덕분에 미노스는 크레타의 왕이 될 수 있었어.
"대신, 왕이 되면 다시 나에게 제물로 바쳐야 해."
"네네~ 그럼요!"

**3.** 하지만, 미노스는 포세이돈의 황소가 탐이 났던 나머지, 약속을 어기고 몰래 다른 황소를 제물로 바쳤어.
"같은 흰 황소면 바꿔치기해도 모르겠지?"

**4.** 이 일로 화가 난 포세이돈은 미노스의 아내 파시파에에게 저주를 걸어 황소를 사랑하게 만들었지.
"어쩜, 황소님은 목소리까지 이렇게 멋진 걸까?~"

**5.** 이후, 파시파에는 몸은 사람인데, 얼굴은 황소인 괴물 미노타우로스를 낳았어. 힘이 세고 난폭한 미노타우로스는 사람들을 못살게 굴었단다.
"음하하! 도망가봤자 독 안에 든 쥐다~!"

**6.** 보다 못한 미노스왕은 한번 들어가면 절대 나올 수 없는 복잡한 미궁을 만들어, 미노타우로스를 가두어 버렸어.
"한 번만 더 사고 치면 혼난다 했지!"
"정말 저를 가두시는 거예요?"

**7.** 왕은 궁전에 갇혀 있는 미노타우로스에게 해마다 아테네의 젊은이들을 제물로 바쳤어. 아테네의 왕자 테세우스는 스스로 제물로 나서며 미노타우로스를 무찌르기로 마음먹었지.
"누가 좀 살려주세요!"

**8.** 이때, 테세우스에게 반한 미노스의 딸 아리아드네가 테세우스를 도왔어. 미노타우로스를 물리친 테세우스는 아리아드네가 준 실뭉치를 되감으며 무사히 탈출에 성공할 수 있었단다.
"으윽, 꽤 무겁군…."

## 세계적인 그리스 작가 니코스 카잔차키스

우리는 도시를 둘러싸고 있는 성벽 위에 올랐어.
세계적으로 유명한 그리스 작가의 무덤이 바로 이곳에 있다 했거든~
"니코스 카잔차키스라는 작가야. 1946년에 쓴 대표 소설 《그리스인 조르바》는
국가의 이념에 얽히지 않고, 자유로운 삶을 살아가는 주인공 조르바에 대한 이야기란다.
당시 사회적으로 억압 받고 있던 전 세계 사람들의
마음을 울린 소설이지."
그런데 카잔차키스의 무덤에는 얇은 나무 십자가와
묘비만 덩그러니 세워져 있었어.
잉? 세계적인 작가의 무덤 치고는
너무 휑한 거 아니에요?

**니코스 카잔차키스
(1883년~1957년)**

〈무덤 비석에 새겨진 글귀〉
나는 아무것도 바라지 않는다.
나는 아무것도 두렵지 않다.
나는 자유다.

당시 그리스 사람들은
니코스 카잔차키스가 쓴
일부 소설이 그리스 정교를
욕보인다고 생각해서 싫어했어.
그래서 카잔차키스는
결국 죽은 뒤에야 고향인 크레타섬으로
돌아올 수 있었단다.

초라해 보여도
멋진 바다가 사방에
펼쳐져 있으니
얼마나 멋져!

**? 카잔차키스의 또 다른 대표작은 뭔가요?**
▶ 카잔차키스는 소설 《다시 십자가에 못 박히는 그리스도》, 장편 서사시 〈오디세이아〉 등을 썼단다. 주로 역사 위인이나 종교적이고 철학적인 주제를 다루는 책을 많이 썼어.

 # 제우스가 태어난 **딕테안 동굴**

"자, 퀴즈! 그리스 신화에 나오는 최고의 신은?"

"저요! 제우스신이요!"

오~ 하다형~ 수재형보다 빨랐는데~

**딕테안 동굴**은 제우스가 태어난 곳으로 알려진 곳이래.

"그리스 사람들은 제우스가 태어난 딕테안 동굴을 신성한 곳으로 여겼단다.

제우스 출생과 관련된 재밌는 이야기를 들려줄게!"

### 그림으로 보는 그리스 신화
## 제우스의 탄생

 **여기서 제우스가 태어난 걸 어떻게 알아요?**

▶ 실제로는 아무도 몰라. 단지 오랜 시간 사람들의 입을 통해 전해져 내려오는 이야기를 믿는 거지. 제우스가 크레타섬에 있는 또 다른 동굴인 '이다산 동굴'에서 자랐다고 이야기하는 사람들도 있단다.

"킁킁~ 이게 무슨 냄새지?"

어디선가 시장에서 맡던 비릿한 해산물 냄새가 코끝을 스쳤어.

냄새가 나는 곳을 따라가 보니, 빨랫줄에 잡은

문어를 널어 말리고 있었지!

"이 냄새가 아니야! 고소한 냄새가 난다고~!"

하다 형은 끝까지 냄새를 쫓아가더니,

결국 문어 요리 음식점을 찾아냈어.

덕분에 저녁으로 맛있는 문어 요리를 먹게 됐네~

야호! 신난다~!

**그리스 문어 요리**

## 용선생의 스페셜 가이드

# 지도로 보는 에게 문명

지중해 동쪽 바다 에게해는 유럽 최초의 문명이 탄생한 곳이야.
크레타섬의 크레타 문명, 그리스 본토의 미케네 문명,
트로이에서 생겨난 트로이 문명을 묶어 '에게 문명'이라고 부른단다.
그럼 지금부터 용선생이 준비한 지도와 함께 에게 문명에 대해 살펴볼까?

### 미케네 문명  기원전 1500년~기원전 1200년경

약 3,500년 전, 크레타 문명이 약해진 틈을 타 크레타를 정복하고, 에게해의 새로운 주인이 된 도시가 있어. 그건 바로 그리스 본토에서 생겨난 미케네! 미케네 문명은 크레타 문명의 뒤를 이어 에게해의 해상 교역을 장악했어. 게다가 튼튼한 청동 무기를 앞세워 그리스 북부와 이탈리아까지 나아갔지. 200년 동안 전성기를 누리던 미케네 문명은 멀리 북쪽에서 철제 무기를 들고 내려온 도리스인의 침입으로 결국 멸망하게 된단다.

**미케네 사자의 문**

두 마리의 사자로 장식된 미케네 왕궁의 문이야. 아직도 그 모습이 남아 있대!

### 크레타 문명  기원전 2000년~기원전 1400년경

약 4,000년 전, 크레타섬을 중심으로 청동기 문명이 꽃피었어. 크레타섬은 당시 문명이 가장 먼저 발달했던 메소포타미아, 이집트, 소아시아와 가까이 위치해 있었지. 그러다 보니 앞선 문물을 빠르게 받아들여 기술도 익히고, 자신들만의 문명을 발전시켜 나갈 수 있었어. 또, 한때 에게해를 독차지할 정도로 바닷길을 이용한 교역이 활발했단다. 하지만, 크레타섬 북쪽에 있던 테라 화산이 폭발하며 크레타 문명은 몰락하고 말았지.

**크노소스 궁전의 돌고래 벽화**

크노소스 궁전이 발굴되면서 에게 문명의 존재가 밝혀졌어! 크노소스 궁전 벽화를 보면 크레타 문명이 바다에서 활발한 교역 활동을 했다는 것을 알 수 있단다.

## 트로이 문명  기원전 2600년~기원전 1200년경

약 4,600년 전, 오늘날의 튀르키예 서쪽에 있는 고대 도시 트로이에서 생겨난 문명이야. 트로이 문명은 '**트로이 전쟁**'으로 유명해! 트로이 전쟁은 약 3,200년 전 미케네 왕이 이끄는 그리스군과 트로이 군사들이 치른 전쟁이야. 10년 동안 치른 전쟁은 결국 그리스군의 승리로 끝났단다. 트로이 목마는 그리스군이 트로이를 무너뜨리는 데 결정적인 역할을 했지!

독일의 고고학자인 '하인리히 슐리만'이 발굴한 옛 트로이 유적지야. 전설과 신화 속의 도시로만 전해지던 트로이가 역사로 밝혀질 수 있었던 중요한 일이었지!

### 그림으로 보는 그리스 신화
### 트로이 목마

전쟁이 계속되자, 그리스 연합군 최고의 지략가 오디세우스는 트로이성을 무너뜨리기 위해 꾀를 생각해 내었어.

그건 바로 그리스 군사를 숨긴 거대한 목마를 트로이 성안에 들이는 것이었지! 그리고 목마에 '그리스군이 철수하면서 아테나 여신에게 바치는 선물'이라고 새겨 근처 바닷가에 세워 두었단다.

트로이의 제사장 라오콘은 속임수라며 목마를 성안으로 들이는 것을 반대했어! 그때, 갑자기 바다에서 솟아오른 뱀이 달려들어 라오콘을 공격했지. 신의 뜻이라고 생각한 트로이 병사들은 서둘러 목마를 성안으로 들였단다.

어두운 밤이 되자, 목마에서 내려온 그리스 군사들이 트로이성을 가차 없이 공격하기 시작했어! 그렇게 결국 트로이 전쟁은 그리스군의 승리로 끝이 났단다.

# 미로 찾기

미노타우로스를 물리친 테세우스가 실뭉치를 감아 나오려는데,
그만 실이 사라지고 말았대.
테세우스가 출구를 찾을 수 있도록 도와주자!

# 장하다, 로도스에서 중세 기사가 되다?!

만드라키 항구 ▶ 중세 기사단 요새 ▶ 린도스

로도스

# 로도스의 거상

> 로도스의 거상은 세계 7대 불가사의 중 하나잖아요!

> 아니, 불가사'의'!

> 뭐?! 불가사리?!

여행 마지막 날, 우리는 페리*를 타고 그리스 남동쪽에 있는 로도스섬에 왔어.

*사람과 자동차를 실어 운반하는 배

"로도스는 그리스 땅이지만, 튀르키예와 아주 가까운 섬이란다."

그럼 로도스도 튀르키예만큼이나 맛있는 음식들이 많겠죠? 헤헤.

우리가 들른 항구에는 무척 흥미로운 이야기가 전해진대.

"로도스섬에는 거인만한 조각상이 있었다는데, 그게 정말이에요?"

수재 말로는 로도스가 그 조각상 때문에 세계적으로 유명한 거래.

  ▶ 사람의 손으로 이루어낸 경이로운 건축물 7개를 말해. 그중 하나가 바로 '로도스의 거상'이지. 기술이 없던 당시, 흙과 청동만으로 그렇게나 거대하고 무거운 조각상을 세운다는 건 불가능한 일이었거든.

우와!
로도스의 거상을 상상한 모습

거상이 항구 입구에 세워져 있었을 거라고 추측한대!

그리스 사람들은 조각상이 로도스섬의 수호신 헬리오스의 모습을 하고 있었을 거라고 믿는단다. 그런데 이 거상이 정확히 어디에 세워져 있었는지는 아무도 몰라~

"**로도스의 거상**은 약 2200년 전 로도스 사람들이 전쟁에서 승리한 걸 기념하기 위해 세운 조각상이었단다."

오호! 그렇구나. 그런데 그 크기가 어느 정도였냐면, 무려 미국에 있는 자유의 여신상만큼이나 거대했대.

와! 당시에 그렇게 큰 조각상을 만들다니, 말도 안 돼~!

 **그 커다란 조각상은 지금 어디에 있어요?**

▶ 대규모의 지진으로 무너지고 말았다는구나. 조각상의 잔해는 이후 800년 동안 무너진 자리에 있다가, 어느 유대인 부자에게 팔렸대. 이 잔해들을 운반하는 데만 약 900마리의 낙타가 필요했다는 기록이 남아 있다고 전해져.

# 중세 성곽 도시 로도스섬

로도스섬을 쓰윽 둘러보니, 튼튼한 성벽이 섬 전체를 둘러싸고 있었어.
선생님께 여쭤보니, 중세* 시대에 기사단이 세운 성벽이라고 하셨어.

*유럽 역사에서 서로마 제국이 멸망(476년)한 뒤부터 약 1천 년 동안의 기간

로도스는 한때 기사단의 지배를 받았다는 거 있지?
"1096년에 유럽 크리스트교와 서아시아 이슬람교 간에 십자군 전쟁이라는 종교 전쟁이 일어났었단다. 이슬람교도들이 성지 예루살렘을 차지하자, 이를 피해 기사단이 로도스섬으로 쫓겨 오게 된 거야."
그때의 성벽이 옛 모습 그대로 남아, 섬 전체가 세계 문화유산으로 지정 받았더라고~ 오, 멋지다!

중세 기사단

만드라키 항구

그랜드마스터 궁전

로도스 고고학 박물관

기사단을 이끄는 기사 단장이 살던 궁전이래!

 기사가 뭐예요?
▶ 중세 시절 활동하던 직업 무사야. 왕이나 지역을 다스리는 영주에게 고용되어, 전쟁 훈련을 받았지. 정식 기사가 되려면 14년이나 걸렸대.

우리는 **기사의 길**을 걷고 있어.

기사의 길을 따라가면, 기사단이 숙소로 썼던 건물부터 기사 단장이 살던 궁전 박물관도 볼 수 있었지.

난 무엇보다 기사단이 입던 강철 갑옷이 멋있던데~

기념품 가게를 지나다 근사한 기사 투구가 있길래 한번 써 봤어.

오! 생각보다 잘 어울리잖아!

"으악! 저게 뭐야!"

수재가 투구를 쓴 내 모습에 놀랐는지 도망을 가더라고~ 잡히기만 해 봐라~!

## 로도스섬의 관광 명소 **린도스**

로도스섬에서 남쪽으로 조금만 내려가면 관광지로 유명한 곳이 있대!

그건 바로 **린도스!**

우린 린도스에서 마지막 여행을 즐기기로 했어.

"린도스의 높은 언덕 위에도 아테네처럼 아크로폴리스가 자리 잡고 있었단다."

지금은 로도스가 섬의 중심 도시지만, 옛날에는 린도스가 그 역할을 했대.

그래서 이곳에 아크로폴리스가 자리하고 있나 봐!

두기가 마지막 여행 사진은 꼭 멋지게 남기고 싶다길래,
바다가 내려다보이는 절벽을 배경으로 사진을 찍기로 했어.
"셋에 다 같이 뛰는 거야! 하나~ 둘~ 셋!"
삐 삐 삐~ 우리는 카메라 타이머 소리에 맞춰 힘껏 뛰어올랐어!
그나저나 마지막 만찬은 잊지 않으셨겠죠, 선생님? 헤헤~

## 용선생의 스페셜 가이드

# 그리스의 자연에 반하다!

10일간의 그리스 여행은 즐거웠니?
그리스의 경이로운 자연 역시 그리스를 여행하며 즐길 수 있는
색다른 묘미란다. 마지막으로 그리스가 자랑하는
다채로운 자연 풍경을 구경하고 집으로 돌아갈까?

### 거북이를 지켜라! 자킨토스 거북이섬

수천 개의 섬으로 이루어진 그리스! 그중에서도 아름다운 자연을 자랑하는 '마라토니시'라는 작은 섬에 다녀왔다! 지중해에 사는 붉은바다거북이 알을 낳고 새끼를 키우는 곳이라고 한다. 섬 모양이 떠다니는 거북이를 닮기도 했고, 수천 개의 번식처를 볼 수 있을 만큼 거북이가 많아서 '거북이섬'이라는 이름을 갖게 되었다고 했다! 해마다 여름이 찾아오면, 모래를 열심히 파고 그 속에 알을 낳는 거북이들을 만날 수 있음!

#거북이들이_알을_낳는_곳에는_들어가면_안_됨.
#꼬북이들_귀여워! #수영하다_거북이_만남^^V #럭키_영심

 좋아요　 댓글 달기　공유하기

 6명

- kingsujae님의 댓글: 거북이가 부담스러워하는 것 같은데~
  └ pretty-0sim님의 댓글: 뭐래! 왕수재~ 아니거든~

## 동글동글 신기한 림노스 화산 바위

여기는 그리스 신화에도 종종 등장하는 림노스섬이다! 이 섬은 에게해 북쪽에 있는데, 화산이 분출하면서 생긴 섬이라고 했다. 바다 근처 곳곳에 기이한 모양의 바위들이 모여 있었는데, 용암이 굳어 만들어진 것이라고 한다. 황갈색의 동글동글한 바위는 표면도 무척 부드러워 보였어! 어떻게 저렇게 맛있어 보이는 바위들을 만들어 낼 수 있을까? 자연은 정말 신기하다!

#빵이_생각나는_바위 #자연_빵집으로_오세요~!
#오늘의_간식은_슈크림빵

냠냠~ 맛있는 빵이다~

👍 좋아요    💬 댓글 달기    ↗ 공유하기

👍❤️😮 8명

・ YongTeacher_ official님의 댓글: ^^;;; 역시 하다
  └ doit-jang님의 댓글: 선생님~ 빵 사 주세요~:D

## 공룡만한 나무 화석을 볼 수 있는 레스보스 화석 숲

이웃나라 튀르키예와도 가까운 레스보스 섬에서 아~주 오래된 식물 화석들을 볼 수 있었다. 나무 몸통이 화석으로 굳어진 것들이 대부분인데, 무척 크고 길었다. 용선생님이 한 10명은 있어야 할 듯! 알아보니 레스보스 화석 숲은 화산이 폭발하면서 분출된 용암과 화산재가 숲을 덮어 만들어진 것이라고 했다. 2천만 년이나 된 나무의 가지와 뿌리가 그대로 남아 이런 희귀한 모습을 볼 수 있는 거라고~! 다들 메모해 두길!

#엄청_큰_나무_화석 #심~봤다~!

👍 좋아요    💬 댓글 달기    ↗ 공유하기

👍❤️😮 5명

・ doit-jang님의 댓글: 오오, 오늘 아침에 내가 싼 똥같이 생겼네~ 💩
  └ kingsujae님의 댓글: 윽! 더러워! 장하다!
・ iamsunae님의 댓글: 처음에는 공룡 화석인 줄 알았어~! 크크.
  └ kingsujae님의 댓글: 수재님은 한눈에 나무라는 걸 알아챘는데~!

# 숨은 단어 찾기

10일 동안 그리스를 여행하며 알게 된 단어가 아래에 숨어 있어.
숨은 단어는 모두 10개! 함께 찾아보자!

| 치 | 북 | 아 | 테 | 네 | 폴 | 차 | 델 | 이 |
|---|---|---|---|---|---|---|---|---|
| 문 | 잡 | 륙 | 소 | 선 | 리 | 부 | 로 | 화 |
| 판 | 도 | 라 | 드 | 스 | 핑 | 크 | 스 | 드 |
| 일 | 총 | 몰 | 미 | 이 | 크 | 크 | 신 | 델 |
| 꽃 | 축 | 에 | 노 | 코 | 나 | 트 | 트 | 포 |
| 계 | 히 | 잉 | 타 | 스 | 란 | 프 | 평 | 이 |
| 우 | 과 | 이 | 우 | 크 | 산 | 로 | 프 | 카 |
| 소 | 크 | 라 | 로 | 스 | 종 | 메 | 레 | 타 |
| 시 | 시 | 포 | 스 | 으 | 라 | 테 | 민 | 메 |
| 기 | 사 | 단 | 국 | 가 | 미 | 우 | 설 | 두 |
| 표 | 알 | 렉 | 산 | 드 | 로 | 스 | 지 | 사 |

❶ **그리스의 수도**는?

❷ 테세우스는 **머리는 소, 몸은 인간인 괴물** ○○○○○○를 물리치기 위해 크레타로 떠났어.

❸ 제우스는 세상의 양쪽 끝에서 독수리 두 마리를 날려 만나는 곳을 **세계의 중심**이라 정하기로 했어. 독수리들이 만난 곳은 어디였을까?

❹ 페르세우스는 **보는 순간 돌로 변하게 만드는 뱀 머리를 가진 괴물** ○○○를 해치웠어.

❺ **오이디푸스**는 ○○○○가 내는 수수께끼를 가볍게 풀고, 테베의 왕이 되었어.

❻ 고르디우스왕의 전차에 묶인 매듭을 풀고, **아시아를 정복하러 길을 나선 사람**은 누굴까?

❼ 제우스에게 쫓기던 아스테리아는 결국 바위섬으로 변하고 말았어. 그 섬은 이후 ○○○라는 이름을 가지게 되었지.

❽ 제우스의 금기를 어기고, **인간에게 불을 훔쳐다 준 영웅**은 누구였을까?

❾ '**알아봤자 위험한 비밀**'을 '○○○의 상자'라고 해.

❿ ○○○○는 **제우스로부터 커다란 바위를 가파른 언덕 위로 밀어 올려야 하는 벌**을 받았어.

# 안녕~ 그리스!

여행은 즐거웠니?
여행하며 배운 내용을 다시 한번 확인해 볼까?

## 퀴즈로 정리하는 그리스

### 그리스 땅은 어떻게 생겼을까? 지리

다음 문장을 읽고 옳은 것에는 O, 틀린 것에는 X에 동그라미를 쳐 보자.

1  그리스는 6천여 개의 섬으로 이루어진 나라야.
   유럽, 북아프리카, 아시아가 만나는 길목에 있어. ( O , X )

2  그리스는 대서양에 접해 있는 나라야.
   그래서 여름은 무척 덥고, 한겨울에도 춥지 않고 따뜻하지!
   ( O , X )

### 역사 그리스는 어떤 역사를 가지고 있을까?

보기 에서 알맞은 단어를 찾아 빈칸에 써 보자!

보기  스파르타, 에게, 미코노스, 아테네, 폴리스, 아리스토텔레스, 페리클레스, 코린토스, 메두사, 알렉산드로스

3  고대 그리스는 크고 작은 도시 국가로 나뉘어 있었어. 그 도시 국가를 (              ) 라고 해.

4  고대 그리스의 (              )는 최초로 민주 정치가 시작된 곳이었어.

5  (              ) 대왕은 10여 년 만에 페르시아와 이집트를 정복하고, 인도 서북부 지역까지 나아가며 대제국을 세웠어!

6  에게해 주변에서 고대 문명인 (         ) 문명이 발달했어. 여기에는 트로이 문명, 크레타 문명, 미케네 문명이 있지!

## 문화 — 그리스 사람들은 어떤 모습으로 살아갈까?

**다음 문장을 읽고, 알맞은 답을 골라보자.**

7  그리스 사람들은 대부분 (   )를 믿어.
   ① 불교      ② 그리스 정교      ③ 이슬람교

8  아리스토텔레스는 고대 그리스에서 영향력 있는 (   )였어.
   ① 변호사    ② 철학자           ③ 의사

9  (   )는 그리스 대표 음식이야. 긴 꼬챙이에 고기와 채소를 꿰서 숯불에 구운 요리이지.
   ① 무사카    ② 수블라키         ③ 그리스 샐러드

10 그리스는 신들의 이야기인 신화가 유명해.
   (   )는 그리스 신화의 최고 신이지!
   ① 제우스    ② 메두사           ③ 미노타우로스

## 경제 — 그리스는 어떤 산업이 발달했을까?

**그리스 경제에 대한 설명을 읽고, 알맞은 단어에 동그라미를 쳐 보자.**

11 삼면이 바다로 둘러싸인 그리스의 대표 산업은 ( 해운업 , 목공업 )이야. 그리스 사람들은 아주 오래 전부터 바다로 나가 여러 나라 사람들과 교류하며 살았어.

12 그리스는 ( 패션 산업 , 관광 산업 )도 매우 발달했어. 해마다 고유한 문화유산과 멋진 자연 경관을 보러 전 세계 많은 사람들이 그리스를 찾아온단다.

# 정 답

**1일**

**2일**

**3일**

**4일**

**5일**

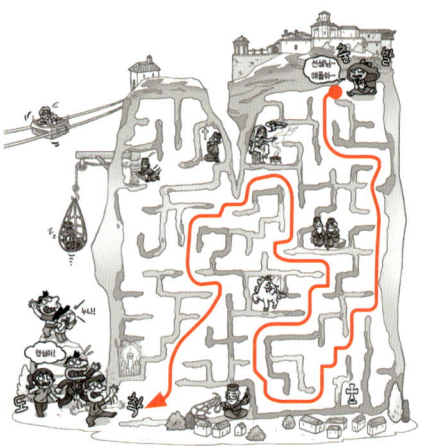

**6일**

### 7일

### 8일
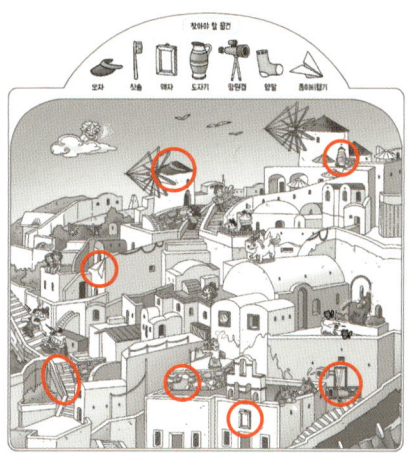

### 9일
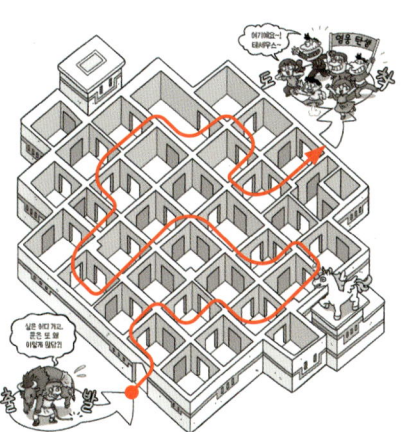

### 10일

## 퀴즈로 정리하는 그리스 <정답>

| | | | | | | | |
|---|---|---|---|---|---|---|---|
| 1 | O | 2 | X | 3 | 폴리스 | 4 | 아테네 |
| 5 | 알렉산드로스 | 6 | 에게 | 7 | ② | 8 | ② |
| 9 | ② | 10 | ① | 11 | 해운업 | 12 | 관광 산업 |

나도 곳곳에 숨어 있었는데, 찾았니? 몰랐다면 다시 한번 살펴봐~

〈사진 제공〉

[셔터스톡] Viacheslav Lopatin, Aerial-motion, Claudio Divizia, Theastock, Christian Delbert, Rich Lynch, Olga Kot Photo, Michael Paschos, Danny Ye, Arne Beruldsen, Viacheslav Lopatin, Gestiafoto, tovsla, Andronos Haris, Gilmanshin, Miroshnichenko Tetiana, PalSand, Milan Gonda, Sven Hansche, photokin, hlphoto, UvGroup, PASTA DESIGN, photokin, Lefteris Papaulakis, Andronos Haris, Ververidis Vasilis, Andronos Haris, Michael Paschos, Michael Paschos, saiko3p, Eileen_10, Tatiana Popova, EGUCHI NAOHIRO, f4 Luftbilder, Aerial-motion, Georgios Angelis, imagIN.gr photography, Spalnic, leoks, Chris Howey, Marco Bicci, Korpithas, Eriks Z, Vasily Mulyukin, gorillaimages, cge2010, Georgios Tsichlis, Anton Chygarev, Andrei Nekrassov, Anton Chygarev, Julie Mayfeng, Unknown author, Heracles Kritikos, Jacek Chabraszewski, Goli-Oglu, iuliia_n, Leonid Andronov, Philippos Philippou, saiko3p, Geraldick, frantic00, Samuel Borges Photography, Dimitris Panas, Paul Shark, blue-sea.cz

[위키피디아] Tilemahos Efthimiadis, Walter Crane, Livioandronico2013, Le Sport universel illustré, Zde, Berthold Werner, Marie-Lan Nguyen, Bernard Gagnon

※ 퍼블릭 도메인은 따로 표기하지 않았습니다.

# 용선생이 간다 : 그리스
### 세계 문화 여행 ⑮

**1쇄 발행** 2021년 11월 1일
**5쇄 발행** 2024년 3월 15일

**글** 사회평론 역사연구소
**그림** 김지희, 전성연
**자문 및 감수** 박정은
**캐릭터** 이우일
**어린이사업본부** 이승필
**편집** 송용운, 김언진
**마케팅** 조수환, 홍진혁
**경영지원** 나연희, 주광근, 오민정, 정민희, 김수아, 장재민
**디자인** 박효영
**조판 디자인** 가필드디자인

**펴낸이** 윤철호
**펴낸곳** ㈜사회평론
**전화** 02-326-1182
**팩스** 02-326-1626
**주소** 03993 서울시 마포구 월드컵북로6길 56 사평빌딩
**용선생 클래스** yongclass.com
**출판등록** 1993년 10월 6일 제10-876호

ⓒ사회평론, 2021

**ISBN** 979-11-6273-186-4  77900

* 이 책 내용의 일부나 전부를 다시 사용하려면 저작권자와 사회평론의 동의를 받아야 합니다.
* 잘못 만들어진 책은 구입하신 곳에서 바꾸어 드립니다.

종이에 손을 베지 않도록 주의하세요.
책 모서리에 다칠 수 있으니 책을 던지지 마세요.

그리스 《용감한 그리스 이야기》

◆ 스티커를 붙여서 그림을 완성해 보세요!

 올림피아

 산토리니

 파르테논 신전

 크레타

 밀로의

 메테오라

 올림포스 12신 동상

그리스 지도

◆ 알맞은 스티커를 찾아서 붙여 보세요.